KB053896

실속 100%

러시아어 중급 회화

1

랭기지플러스

머리말

이 교재는 러시아어를 1년 정도 수학하고 어느 정도 기본 문법을 습득한 학생들을 대상으로 회화와 문법을 연계하여 학습할 수 있도록 구성되어 있습니다. 즉, 문법에 기초한 회화 교재입니다. 대학의 한 학기 16주 기준에 따라 1과에서 16과까지로 구성되어 있고 각 과에서는 자기소개, 시간 표현, 물건의 위치와 배치 상태, 길 찾기, 취미, 여가 등에 관한 구체적 상황들의 기초 표현을 제시하고, 제시된 내용과 관련된 어휘와 구문, 문법 표현을 통해 회화를 익힘과 동시에, 연습 문제를 통하여 이들을 복습, 심화 확장하는 구성으로 되어 있습니다.

이 교재의 특징은 일상 회화의 대표적이고 기본적인 내용을 중심으로 한국 학생들이 어려워하는 표현이나 상황을 중점적으로 숙지하고, 관련 문법 학습과 말하기 훈련에 방점을 두고 있습니다. 즉 학습된 문법이 말하기에 최대한 사용될 수 있도록 구성했습니다. 일상생활에서 자주 접하는 상황과 주제는 한 과에서 끝나는 것이 아니라 몇 과에 걸쳐 집중적으로 반복적으로 이루어지고, 각 과의 주제들이 상호 연결되고 복습됨으로써 상황별 이해와 표현이 총체적으로 완성됨을 목표로 하였습니다.

1~5과는 인사와 소개를 중심으로 시간 표현이 중심을 이루고 있습니다. 친구나 새로운 사람과의 인사, 자기소개, 가족 소개의 표현법을 배우고 다양한 시간 표현법을 다루었습니다.

6~8과는 공간과 물건의 배치에 관하여 설명하는 묘사의 표현법을 배웁니다. 다양한 위치 공간에 여러 물건들이 각기 다른 모습으로 위치하고 있음을 인지하고, 그에 따른 각각의 적절한 표현 방식을 알아봅니다.

9~10과는 주거와 숙식, 집안일에 대한 내용입니다. 자신이 살고 있는 주거 환경에 대해 설명하고, 집안일을 할 때 필요한 주거 생활의 표현을 배웁니다. 러시아 유학이나 일상생활에 꼭 필요하면서도 재미있고 유익한 표현입니다.

11~14과는 직접화법과 간접화법을 배우는 화법 관련 표현을 다루었습니다. 전해 들은 말을 제 3자에게 전달해야 하는 상황에서 내용을 전달할 때 오해가 발생하지 않도록 정확히 옮겨야 합니다. 화법 전환시 필요한 단어와 주의해야 할 기본 문법 사항을 중점으로 다루었습니다.

마지막으로 15~16과는 영화나 운동 등 여가 시간에 갖는 취미 활동과 여가 생활에 관한 표현을 알아봅니다. 부록은 앞에서 배운 단어와 문법이 명쾌히 일목요연하게 볼 수 있도록 정리되어 있으며 연습문제 풀이와 예문이 수록되어 학습된 어휘와 표현, 문법의 활용도를 높였습니다. 더불어 각 과에 녹음된 회화 음성 자료와 연습문제는 청취력과 이해도를 고양시킬 것입니다.

외국어를 배우는 것은 낭만적이고 즐거운 과정입니다. 습득한 문법을 기초로 반갑게 인사하고 자신을 멋지게 피력하세요. 책 출간의 기회를 제공하고 동기를 부여해 준 동료 안지영 교수와 힘든 출판의 과정을 묵묵히 담당하고 수행해 주신 출판사 관계자분들께 감사드립니다. 미지의 러시아어 학습자들에게도 인사를 드리며, 더불어 러시아어를 학습하는 기쁨을 함께 나누기를 희망합니다.

안병용, 갈리나 부드니코바

이 책의 특징

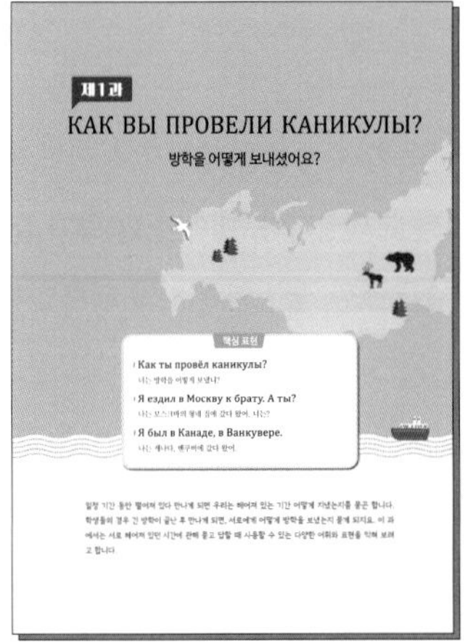
제1과
КАК ВЫ ПРОВЕЛИ КАНИКУЛЫ?
방학을 어떻게 보내셨어요?

핵심 표현
Как ты провёл каникулы?
Я ездил в Москву к брату. А ты?
Я был в Канаде, в Ванкувере.

핵심 표현

시작하기에 앞서 해당 단원의
핵심이 되는 표현을 우선 제시합니다.
각 과에서 배울 내용이 무엇인지 짚고 넘어가세요.

표현

학습에 필요한 어휘, 구문, 문법을 먼저 익히게 됩니다.
핵심 구문을 중심으로 다양한 예문을 포함합니다.

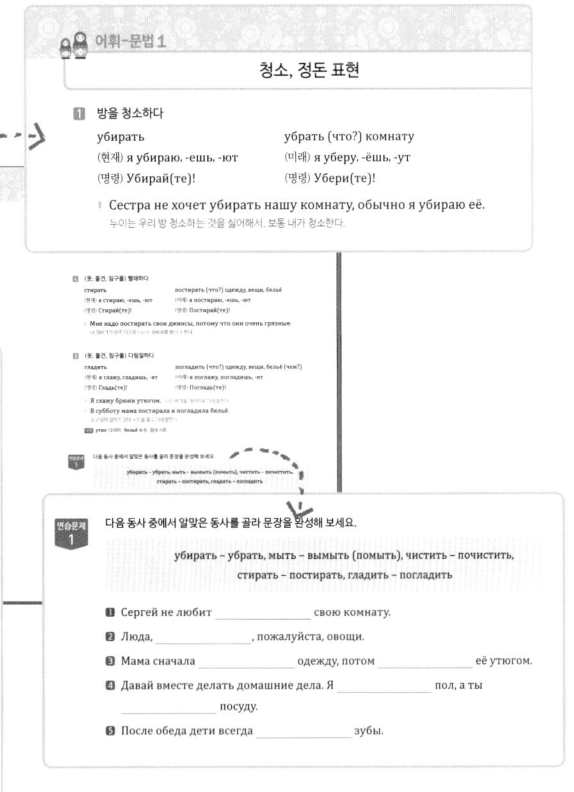
어휘-문법 1

청소, 정돈 표현

1 방을 청소하다

убирать	убрать (что?) комнату
(현재) я убираю, -ешь, -ют	(미래) я уберу, -ёшь, -ут
(명령) Убирай(те)!	(명령) Убери(те)!

Сестра не хочет убирать нашу комнату, обычно я убираю её.
누이는 우리 방 청소하는 것을 싫어해서, 보통 내가 청소한다.

연습문제 1 다음 동사 중에서 알맞은 동사를 골라 문장을 완성해 보세요.

убирать – убрать, мыть – вымыть (помыть), чистить – почистить, стирать – постирать, гладить – погладить

1 Сергей не любит ______ свою комнату.
2 Люда, ______, пожалуйста, овощи.
3 Мама сначала ______ одежду, потом ______ её утюгом.
4 Давай вместе делать домашние дела. Я ______ пол, а ты ______ посуду.
5 После обеда дети всегда ______ зубы.

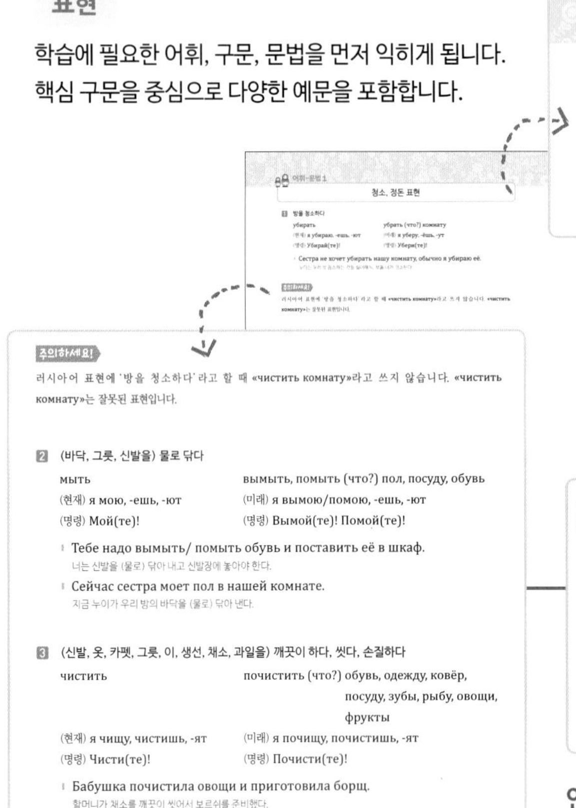
주의하세요!

러시아어 표현에 '방을 청소하다'라고 할 때 «чистить комнату»라고 쓰지 않습니다. «чистить комнату»는 잘못된 표현입니다.

2 (바닥, 그릇, 신발을) 물로 닦다

мыть	вымыть, помыть (что?) пол, посуду, обувь
(현재) я мою, -ешь, -ют	(미래) я вымою/помою, -ешь, -ют
(명령) Мой(те)!	(명령) Вымой(те)! Помой(те)!

Тебе надо вымыть/ помыть обувь и поставить её в шкаф.
너는 신발을 (물로) 닦아 내고 신발장에 놓아야 한다.

Сейчас сестра моет пол в нашей комнате.
지금 누이가 우리 방의 바닥을 (물로) 닦아 낸다.

3 (신발, 옷, 카펫, 그릇, 이, 생선, 채소, 과일을) 깨끗이 하다, 씻다, 손질하다

чистить	почистить (что?) обувь, одежду, ковёр, посуду, зубы, рыбу, овощи, фрукты
(현재) я чищу, чистишь, -ят	(미래) я почищу, почистишь, -ят
(명령) Чисти(те)!	(명령) Почисти(те)!

Бабушка почистила овощи и приготовила борщ.
할머니가 채소를 깨끗이 씻어서 보르쉬를 준비했다.

연습문제

배운 내용을 확실하게 익혔는지 연습문제를 통해 점검해 볼 수 있습니다. 충분히 말하기 연습을 해 보세요.

주의하세요!

표현 상에서 주의해야 할 부분을 표시하였습니다.

회화

앞서 다룬 구문 표현 및 문법을 적용한 회화문을 제시합니다. 일상생활에서 접할 수 있는 내용을 중점으로 구성하였고 음성 파일을 통해 청취 연습도 가능합니다.

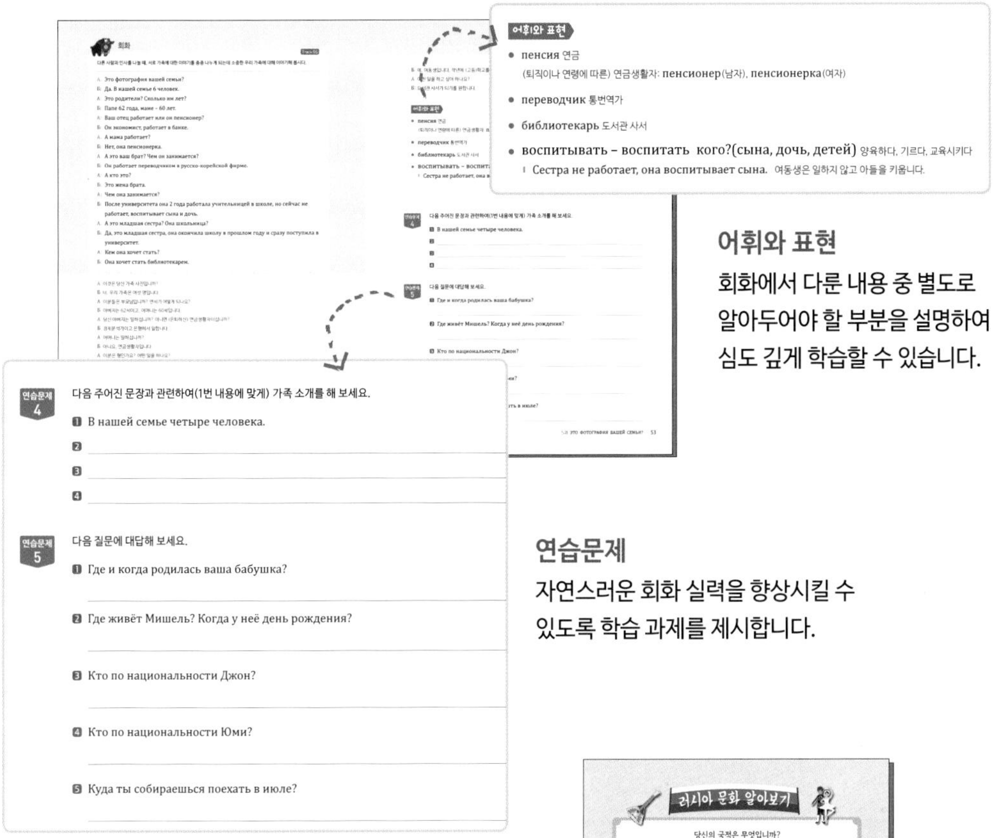

어휘와 표현

- пенсия 연금
  (퇴직이나 연령에 따른) 연금생활자: пенсионер(남자), пенсионерка(여자)
- переводчик 통번역가
- библиотекарь 도서관 사서
- воспитывать – воспитать кого?(сына, дочь, детей) 양육하다, 기르다, 교육시키다
  - Сестра не работает, она воспитывает сына. 여동생은 일하지 않고 아들을 키웁니다.

어휘와 표현

회화에서 다룬 내용 중 별도로 알아두어야 할 부분을 설명하여 심도 깊게 학습할 수 있습니다.

연습문제 4 다음 주어진 문장과 관련하여(1번 내용에 맞게) 가족 소개를 해 보세요.

1. В нашей семье четыре человека.
2.
3.
4.

연습문제 5 다음 질문에 대답해 보세요.

1. Где и когда родилась ваша бабушка?
2. Где живёт Мишель? Когда у неё день рождения?
3. Кто по национальности Джон?
4. Кто по национальности Юми?
5. Куда ты собираешься поехать в июле?

연습문제

자연스러운 회화 실력을 향상시킬 수 있도록 학습 과제를 제시합니다.

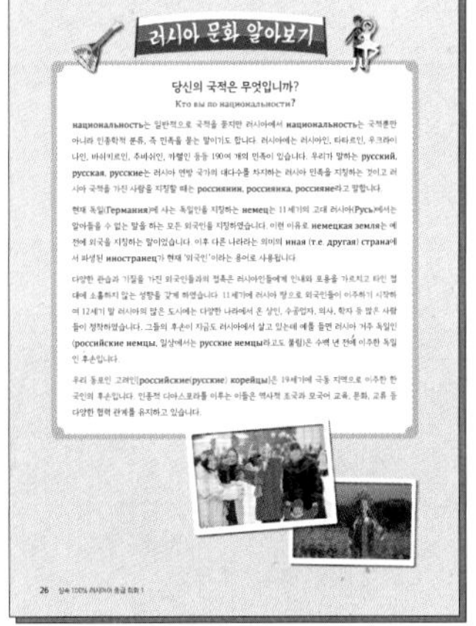

문화

한 과가 끝날 때마다 러시아 문화 이야기를 담았습니다. 러시아의 생생한 정보를 읽으면서 좀 더 러시아에 친숙해질 수 있습니다.

음성 자료 [회화] 내용을 원어민 음성으로 들어볼 수 있습니다. www.sisabooks.com에서 음성 파일을 다운 받아 학습할 수 있습니다. 청취 실력도 기르고 발음 연습도 해 보세요.

학습 구성표

	제목	목표 문법	회화 포인트
1	방학을 어떻게 보내셨어요?	проводить – провести (что? 대격) ездить (куда? 대격) / быть (где? 전치격) (кому? 여격) нравиться – понравиться (что? 주격)	오랜만에 만나 안부 묻기
2	인사를 나눕시다!	Кто вы по + 여격 (о национальности, о профессии) замужем – не замужем женат – не женат, холост	인사 나눌 때의 질문하기
3	장가가다 또는 시집가다	жениться (на ком? 전치격) выходить – выйти замуж (за кого? 대격) собираться, планировать + 동사원형	결혼 축하와 결혼식 초대하기
4	언제 우리 러시아로 갈까?	의문사 КОГДА – о времени, о дне недели, о месяце, о числе, о дате (число, месяц, год)	시간 표현하기
5	이 사진은 당신 가족 사진입니까?	заниматься (где? 전치격) (чем? 조격) работать кем? стать кем?	가족에 관한 이야기하기
6	물건들이 어디에 세워져 있고, 뉘어 있고, 걸려 있습니까?	стоять 동사 лежать 동사 висеть 동사	가구와 가정용품의 배치 및 묘사하기
7	가구를 어디에 놓을까요?	ставить – поставить, класть – положить, вешать – повесить (что? 대격) приносить – принести, привозить – привезти (что? 대격) (куда? 대격) (кому? 여격)	가구의 배달과 배치 정하기
8	너의 조언이 필요해.	императив(명령형) советовать – посоветовать (кому? 여격) + 동사원형 (кому? 여격) надо/нужно + 동사원형 лучше + 동사원형	조언, 충고하기
9	너는 기숙사에 살고 있니? 아니면 아파트를 세 내어 사니?	снимать – снять (что? 대격) 단어 합성 형용사(однокомнатный, одноэтажный)	집 묘사하기 집들이 초대하기

	제목	목표 문법	회화 포인트
10	집안일; 나는 방을 청소한다.	убирать – убрать (что? 대격) мыть – вымыть, помыть, чистить – почистить, стирать – постирать, гладить – погладить (что? 대격) (чем? 조격) резать – порезать (что? 대격) (чем? 조격) варить – сварить, жарить – пожарить, печь – испечь (что? 대격)	일상생활의 집안일 이야기하기
11	직접화법과 간접화법 (1)	서술문과 의문문의 간접화법 전환	서술문과 의문문의 간접화법
12	직접화법과 간접화법(2)	명령문의 간접화법 전환	명령문의 간접화법
13	기차역까지 어떻게 가는지 말해 주세요.	дойти, доехать, добраться до + 생격	거리에서 길 찾기 교통수단 이용하기
14	몇 시에 연속극 '학생들'이 방송되지?	С + 생격 + ДО + 생격 (시간의 부분을 나타내는 표현)	С… ДО…를 이용한 시간 표현하기 공부와 아르바이트 관련 말하기
15	여가 시간에는 무엇을 하니?	играть (во что?) заниматься, увлекаться (чем? 조격) 1. болеть (чем? 조격); 2. болеть (за кого? 대격) выигрывать – выиграть (у кого 생격) проигрывать – проиграть (кому? 여격) играть – сыграть вничью (с кем? 조격)	계획 말하기 연극, 영화 관련 말하기
16	토요일 계획은 무엇이니?	планы на + 대격 играть (кого? 대격), играть роль (кого? 생격)	취미 말하기 운동 경기 결과 말해 주기
	부록	동사와 문법 구조	

목차

제 1 과

КАК ВЫ ПРОВЕЛИ КАНИКУЛЫ?

방학을 어떻게 보내셨어요?

핵심 표현

- Как ты провёл каникулы?
  너는 방학을 어떻게 보냈니?
- Я ездил в Москву к брату. А ты?
  나는 모스크바의 형네 집에 갔다 왔어. 너는?
- Я был в Канаде, в Ванкувере.
  나는 캐나다, 밴쿠버에 갔다 왔어.

일정 기간 동안 떨어져 있다 만나게 되면 우리는 헤어져 있는 기간을 어떻게 지냈는지를 묻곤 합니다. 학생들의 경우 긴 방학이 끝난 후 만나게 되면, 서로에게 어떻게 방학을 보냈는지 묻게 되지요. 이 과에서는 서로 헤어져 있던 시간에 관해 묻고 답할 때 사용할 수 있는 다양한 어휘와 표현을 익혀 보려고 합니다.

ПРОВОДИТЬ – ПРОВЕСТИ

ПРОВОДИТЬ와 ПРОВЕСТИ는 '시간을 보내다'라는 뜻을 가진 동사입니다. 이 동사를 사용한 다양한 질문 양식을 살펴봅시다.

Как ты провёл каникулы? 너는 어떻게 방학을 보냈니?
Где ты провёл каникулы? 너는 어디에서 방학을 보냈니?

먼저 첫 번째 질문은 **'어떻게'** 방학을 지냈는지 물을 때 사용합니다. 사실 이 질문에는 다양한 답변이 가능합니다. 〈핵심 표현〉에서 살펴본 것처럼, '어디'에 다녀왔다는 구체적인 답변을 할 수 있습니다. 하지만 질문자의 의도가 '어떻게'에 있는 만큼, 답변 역시 '잘 보냈다', 혹은 '별로였다' 등의 답변이 가능합니다.

- Как ты провёл каникулы? 너는 어떻게 방학을 보냈니?
- Отлично/Хорошо/Нормально/Плохо. 아주 좋았어/좋았어/괜찮았어/별로였어.

두 번째 질문은 **'어디에서'** 시간을 보냈는지 묻는 질문입니다. 질문자의 의도가 '어디에서'에 있으므로 답변도 '장소 표현'을 포함합니다.

- Где ты провёл каникулы? 너는 어디에서 방학을 보냈니?
- В России/В деревне/На море/На острове Чеджу.
러시아에서/시골에서/바닷가에서/제주도에서.

연습문제 1 제시된 단어를 사용하여 보기와 같이 서로에게 질문하고 답해 보세요.

보기

Америка, Вашингтон / Испания, Барселона
Студент 1: Сергей, где ты провёл каникулы?
Студент 2: В Америке, в Вашингтоне. А ты?
Студент 1: В Испании, в Барселоне.

1. Китай, Пекин / Англия, Лондон
2. Япония, Токио / Россия, озеро Байкал
3. Россия, Чёрное море / Италия, Венеция
4. маленькая деревня, остров Чеджу / Франция, Париж

어휘-문법 2

ЕЗДИТЬ / БЫТЬ

'어떻게 방학을 보냈니?'라는 질문에 대해 구체적으로 '어디'에 다녀왔다는 답변을 하는 것도 가능합니다. ЕЗДИТЬ(~에 갔다 오다)와 БЫТЬ(~에 있다)는 답변을 할 때 사용할 수 있는 동사입니다. 먼저 다음의 두 문장을 읽어 봅시다.

- Я ездил в Москву к брату. 나는 모스크바에 형에게 다녀왔다.
- Я был в Москве у брата. 나는 모스크바에 형에게 있었다.

두 문장은 모두 '나는 모스크바에 있는 형에게 갔다 왔다'라는 뜻이지만, 사용하는 동사에 따라 다른 구문을 사용하게 됩니다. ЕЗДИЛ은 다녀왔다(갔다 왔다)는 동작 동사이고, БЫЛ은 다녀왔다라는 의미를 내포하고 있지만, 문법적으로는 '~에 있었다', 다시 말해 지금은 돌아와 있는 상태에 초점을 맞춘 상태 동사입니다. 동작 동사 **ездить** 뒤에는 어디로(**куда**)라는 장소의 표현이 필요하기에 '전치사 + 명사의 대격'이 오고 사람은 **к кому**의 형태로 오게 되는 반면, 상태 동사 **быть** 뒤에는 어디에(**где**)라는 장소의 표현이 필요하기에 장소를 표현하는 '**전치사 + 명사의 전치격**' 구문이 오고 사람은 **у кого**로 나타납니다.

연습문제 2

보기와 같이 быть 동사와 ездить 동사를 바꿔 써 보세요.

보기 A

Летом Софья была в Испании у подруги.

→ Летом Софья ездила в Испанию к подруге.

1. В августе Сергей был в деревне у дедушки и бабушки.

   → ____________________

2. Зимой мы были в Японии у родственников.

   → ____________________

보기 Б

Летом Дима ездил во Францию к другу.

→ Летом Дима был во Франции у друга.

1. В мае мы ездили в Пусан к дяде и тёте.

   → ____________________

2. Летом отец ездил в Америку к младшему брату.

   → ____________________

НРАВИТЬСЯ – ПОНРАВИТЬСЯ

'어디에 다녀왔다'는 이야기를 하다 보면, 갔던 곳이 '마음에 들었다' 혹은 '마음에 들지 않았다'는 표현을 하기도 합니다. НРАВИТЬСЯ와 ПОНРАВИТЬСЯ 동사는 그런 경우에 사용하게 됩니다. 특히 완료상 동사인 ПОНРАВИТЬСЯ 동사가 **과거시제로 사용될 때는 구체적인 대상으로부터 받은 인상을 이야기합니다.** 여러분이 알고 있는 것처럼 НРАВИТЬСЯ – ПОНРАВИТЬСЯ 구문은 마음에 들어 하는 주체를 여격으로 표현합니다. 예를 들어 «Мне нравится эта рыба.(나는 이 생선이 마음에 들어.)»와 같은 표현을 할 수 있습니다. 동사의 형태는 마음에 드는 대상(주어)의 **성·수·격에 따라** 달라지게 됩니다.

- Марине понравился Петербург. 마리나는 페테르부르크가 마음에 들었다.
- Студентам понравилась Москва. 학생들은 모스크바가 마음에 들었다.
- Нам понравилось озеро. 우리는 호수가 마음에 들었다.
- Антону понравились стихи. 안톤은 시가 마음에 들었다.

연습문제 3

보기와 같이 짧은 대화문을 만들어 보세요.

보기

Студент 1: На каникулах я ездил в Японию.

Студент 2: Ну и как? Тебе понравилась Япония?

1. Летом мы с друзьями были на Байкале.

____

2. На прошлой неделе наша семья ездила на выставку автомобилей.

____

3. В субботу мы с подругой были в музее русского искусства и посмотрели картины известных художников.

____

4. Вчера в студенческом клубе мы встретились с молодым поэтом и послушали его новые стихи.

____

어휘 искусство 예술

회화

지금까지 익힌 어휘와 구문, 문법을 토대로 친구와 방학 동안 헤어져 있던 시간에 대해 묻고 답하는 대화문을 읽어 봅시다.

Саша: Как ты провёл каникулы?

Женя: Отлично! Я ездил в Москву к брату.
Мой брат работает в Москве в российско-корейской фирме.

Саша: Как долго ты был у брата в Москве?

Женя: Месяц.

Саша: Ну и как? Понравилась Москва?

Женя: Да, понравилась, но в Москве было очень холодно.
А где ты провёл каникулы?

Саша: В Ванкувере. Там я изучал английский язык.

Женя: Как долго ты был в Канаде?

Саша: Два месяца.

Женя: Наверное, теперь ты хорошо знаешь английский язык.
А твоя сестра тоже ездила в Канаду?

Саша: Нет, она заболела, поэтому провела каникулы дома.

Женя: Передай ей привет!

Саша: Обязательно передам.

싸샤: 방학을 어떻게 보냈어?

제냐: 정말 좋았어! 나는 모스크바에 있는 형네 집에 갔다 왔어. 나의 형은 모스크바에 있는 러-한 합작회사에서 일해.

싸샤: 모스크바에 있는 형네 집에는 얼마나 있었어?

제냐: 한 달 간.

싸샤: 그래서 어땠어? 모스크바가 마음에 들었어?

제냐: 응, 마음에 들었어. 하지만 모스크바는 정말 추웠어. 너는 어디서 방학을 보냈니?

싸샤: 밴쿠버에서. 거기서 영어를 공부했어.

제냐: 캐나다에는 얼마나 있었어?

싸샤: 두 달 간.

제냐: 아마도 이제는 영어를 잘 알겠구나. 네 여동생도 캐나다에 다녀왔어?

싸샤: 아니, 여동생은 병이 나서 방학을 집에서 보냈어.

제냐: 여동생에게 안부 전해 줘!

싸샤: 꼭 전해 줄게.

어휘와 표현

- **передать кому привет** ~에게 안부를 전하다

연습문제 4

[회화] 내용에 관하여 다음 질문에 답해 보세요.

1. Как провёл каникулы Женя? Где?

2. К кому он ездил?

3. Что его брат делает в Москве?

4. Какая погода была в Москве?

연습문제 5

[회화]에서 사용된 단어와 표현을 활용하여 방학 때 이야기를 서로 나눠 보세요.

연습문제 6

아래에는 두 사람이 각각 어디에 얼마 동안 다녀왔는지, 그리고 무엇을 했는지가 주어져 있습니다. [회화] 내용을 참조하여 짝을 지어 이야기를 나누어 보세요.

А) Студент 1: Россия, Байкал / неделя / занимался дайвингом

Студент 2: Испания, Мадрид / 2 месяца / изучал испанский язык

Б) Студент 1: Франция, Марсель / месяц / отдыхал в молодёжном лагере

Студент 2: Япония, Токио / 3 недели / изучал японский язык

В) Студент 1: Италия, Венеция / 2 недели / ходил в театр на оперу и катался на гондоле

Студент 2: Китай, Шанхай / 2 месяца / работал в фирме отца

어휘 дайвинг 다이빙 молодёжь 젊은이 лагерь 캠프 гондола 곤돌라

연습문제 7

괄호 안에 있는 단어를 문법에 맞게 적절한 형태로 넣어 보세요. 단, 필요한 경우는 전치사를 써 주세요.

1. Брат учится ____________________.
   (Московский университет), (экономический факультет)

2. Я часто думаю ____________________.
   (старший брат и старшая сестра)

3. Мы едем в новую библиотеку ____________________.
   (большой красивый автобус)

4. Профессор рассказывает студентам ____________________.
   (русское искусство)

5. Олег играет ____________, а Таня играет ____________.
   (гитара), (скрипка)

6. Мы прочитали в ____________ о ____________.
   (журнал), (новый интересный фильм)

러시아 문화 알아보기

러시아 교육 제도와 기관

Образовательные учреждения в России

현재 러시아에는 다음과 같은 교육기관이 있습니다.

- школа (초·중·고 통합 학교) : 이것의 다양한 형태로 초·중등 교육기관인 лицей와 гимназия 도 있습니다.
- профессионально – техническое училище (직업 기술 교육기관) : профессионально – технический колледж라고도 부릅니다.
- университет와 институт (대학교) : 고등교육기관이라는 의미의 ВУЗ(высшие учебные заведения)에 해당됩니다.

школа의 수학 기간은 11년입니다. 1~4학년은 초급 과정이고 5~9학년은 기본 교양과정입니다. 9학년을 마치면 시험을 보고 수료증(Аттестат об основном общем образовании)을 받는데 이 증서에는 9학년 때 배운 각 과목과 점수가 표시됩니다. 10~11학년은 모든 일반 교양과정입니다. 11학년을 마치는 학생들은 시험을 보고 모든 과목의 성적이 표시된 수료증을 받습니다. 러시아의 쉬꼴라 학생들은 11학년 동안 (전학을 가지 않는 한) 한 학교에서 같은 반 학우들과 한 건물(학교)에서 공부합니다. 한 학년에는 한두 반이 있으며 한 반에는 25~30명 가량입니다.

리쩨이나 김나지야는 특정 과목을 중점적으로 가르치는 특성화된 쉬꼴라의 한 형태입니다. 예를 들어 물리-수학 리쩨이에서는 물리와 수학 과목을 중점적으로 가르치고, 인문 김나지야에서는 언어와 문학을 중점적으로 가르칩니다

9학년을 마치면 직업-기술 학교에 진학할 수 있습니다. 직업-기술 학교에서는 3~4년 동안 모든 일반 교양과정을 배우며 요리, 미용, 재봉, 운전, 건축, 간호 등의 전문 직업 과정을 이수합니다.

대학교는 소비에트 시절에는 5년제였는데 이제는 교육과정 개편으로 학부와 석사과정으로 나뉘어 학부 4년, 석사 2년입니다.

제 2 과

ДАВАЙТЕ ПОЗНАКОМИМСЯ!

인사 나눕시다!

핵심 표현

- Кто вы по национальности? 당신의 국적은 무엇입니까?
- Кто вы по профессии? 당신의 직업은 무엇인가요?
- Вы женаты? 당신은 결혼하셨나요? (청자: 남자)
- Вы замужем? 당신은 결혼하셨나요? (청자: 여자)

모르는 사람과 만나 서로 인사를 나누게 되면, 우리는 여러 가지 질문을 하게 됩니다. 이름을 묻고, 어디에 사는지 묻고, 학생인지 직장인인지를 묻기도 합니다. 이 책을 공부하는 여러분은 아마 러시아어로 이런 질문들을 할 수 있을 것입니다. 이 과에서는 그런 기본적인 질문 외에 우리가 할 수 있는 또 다른 질문의 구문을 살펴보고자 합니다. 우리는 상대방의 국적이나 결혼 여부, 직업에 관해서 물을 수 있습니다. 먼저 이런 새로운 유형의 질문을 하기 위한 어휘와 문법을 살펴보도록 합시다.

НАЦИОНАЛЬНОСТЬ / ГРАЖДАНСТВО

국적 혹은 민족을 묻는 질문을 하기 위해 먼저 러시아어로 국적/민족을 표현하는 어휘를 살펴봅시다.

Страна	Он	Она	Они	Какой
Росси́я	ру́сский	ру́сская	ру́сские	ру́сский
Коре́я	коре́ец	корея́нка	коре́йцы	коре́йский
Кита́й	кита́ец	китая́нка	кита́йцы	кита́йский
Япо́ния	япо́нец	япо́нка	япо́нцы	япо́нский
Англия	англича́нин	англича́нка	англича́не	англи́йский
Фра́нция	францу́з	францу́женка	францу́зы	францу́зский
Аме́рика	америка́нец	америка́нка	америка́нцы	америка́нский
Герма́ния	не́мец	не́мка	не́мцы	неме́цкий
Испа́ния	испа́нец	испа́нка	испа́нцы	испа́нский
Кана́да	кана́дец	кана́дка	кана́дцы	кана́дский
Шве́ция	швед	шве́дка	шве́ды	шве́дский
Ита́лия	италья́нец	италья́нка	италья́нцы	италья́нский

민족 또는 국적이 궁금할 때는 **"당신의 국적은 무엇입니까?"**라는 구문을 사용할 수도 있고, **"당신은 일본인입니까?"와 같이 화자가 추정하는 국적에 관한 질문**을 직접 던질 수도 있습니다. 다음과 같은 구문을 익혀 봅시다.

- Кто вы по национальности? 당신의 국적은 무엇입니까?
- Я кореец. А вы? 저는 한국인입니다. 당신은요?
- Я русский. 저는 러시아인입니다.

- Вы японец? 당신은 일본인입니까?
- Нет, я кореец. А вы? 아니요, 저는 한국인입니다. 당신은요?
- Я русский. 저는 러시아인입니다.

어휘 национальность 국적, 민족

다음 이름을 보고 보기와 같이 대화해 보고 어느 나라 사람인지 써 보세요.

보기 A

Джон → Я думаю, что Джон – американец.

1. Мигель ______________________
2. Юми ______________________
3. Бриджит ______________________
4. Ливей ______________________
5. Ганс ______________________
6. Сонми ______________________

보기 Б

- Джон, кто вы по национальности?
- Я американец. А вы?
- Я француженка.

1. Мигель

____

2. Юми

____

3. Бриджит

____

보기 В

- Джон, вы американец?
- Да. / Нет, я англичанин. А вы?
- Я русская.

1. Ливей

____

2. Ганс

____

3. Сонми

____

ПРОФЕССИЯ

국적 외에도 우리는 처음 만난 사람에게 직업에 관하여 물을 수 있습니다. 직업에 관한 질문과 대답을 할 때는 다음과 같은 구문을 사용할 수 있습니다.

- Кто вы по профессии? 당신의 직업은 무엇입니까?
- Я учитель. А вы? 교사입니다. 당신은요?
- Я врач. 저는 의사입니다.

- Вы учитель? 당신은 교사입니까?
- Да, а вы? 네, 당신은요?
- Я врач. 저는 의사입니다.

연습문제 2

다음 사람들의 직업이 무엇인지 묻는 짧은 대화문을 만들어 보세요.

보기 A

Нина работает в ресторане. Антон работает в больнице.

Студент 1: Нина, кто вы по профе́ссии?

Студент 2: Я повар. А вы?

Студент 1: Я врач.

어휘 повар 요리사

❶ Анна работает в библиотеке. Нина работает на почте.

❷ Виктор работает в университете. Софья работает в аптеке.

❸ Ирина работает в магазине. Максим работает в банке.

❹ Сергей работает на заводе. Людмила работает в школе.

보기 Б

Вера работает в больнице; врач – медсестра

Студент 1: Вера, где вы работаете?

Студент 2: Я работаю в больнице.

Студент 1: Вы врач?

Студент 2: Да, я врач. / Нет, я медсестра.

❶ Игорь работает на заводе; инженер – рабочий

❷ Лариса работает в ресторане; повар – официантка

❸ Иван работает в фирме; менеджер – экономист

ЖЕНАТ / ЗАМУЖЕМ

기혼 여부를 표현하는 단어는 주어가 여성인지, 남성인지에 따라 다르게 사용됩니다.

	기혼이다	미혼이다
여성	замужем	не замужем
남성	женат	не женат холост(독신이다)

1 여성

- **Наталья замужем.** 나탈랴는 결혼했다.
- **Софья не замужем.** 소피야는 미혼이다.
- - Ольга, вы замужем? 올가, 당신은 결혼했습니까?
  - Да, я замужем. 네, 했습니다.
- - Анна, ты замужем? 안나, 너는 결혼했니?
  - Нет, я не замужем. 아니, 안 했어.

2 남성

- **Олег женат. Виктор не женат.** 올렉은 결혼했다. 빅토르는 미혼이다.
- **Виктор холост.** 빅토르는 총각이다.
- - Юрий, вы женаты? 유리, 당신은 결혼했습니까?
  - Да, я женат. 네, 했습니다.
- - Саша, ты женат? 싸샤, 너는 결혼했니?
  - Нет, я не женат. / Нет, я холост. 아니, 안 했어. / 아니, 총각이야.

연습문제 3

ЗАМУЖЕМ 또는 ЖЕНАТ(Ы)를 사용하여 기혼 여부에 관해 질문하고 답해 보세요.

1. - Антон, ты ______________________?
   - Да, ______________________.
2. - Марина, ты ______________________?
   - Нет, ______________________.
3. - Вадим Петрович, вы ______________________?
   - Нет, ______________________.
4. - Софья Сергеевна, вы ______________________?
   - Да, ______________________.

회화

처음 인사를 나눌 때 하는 질문과 관련된 어휘, 구문, 문법을 익혔으니 이제 이를 토대로 대화문을 읽어 봅시다.

Лариса: Давайте познакомимся. Меня зовут Лариса. А вас?

Сан Су: Меня зовут Сан Су.

Лариса: Очень приятно.

Сан Су: Мне тоже.

Лариса: Вы японец?

Сан Су: Нет, я кореец. А кто вы по национальности?

Лариса: Я русская. Где вы живёте?

Сан Су: Сейчас я живу в Москве, но родился я в Корее, в Сеуле.
А вы живёте в Москве?

Лариса: Да, в Москве. Вы работаете или учитесь?

Сан Су: Я учусь в университете.

Лариса: Что вы изучаете?

Сан Су: Я изучаю русский язык.

Лариса: Вы хорошо говорите по-русски!

Сан Су: Спасибо, приятно слышать. А вы тоже учитесь?

Лариса: Нет, я работаю.

Сан Су: Кто вы по профессии?

Лариса: Я учительница, работаю в школе.

Сан Су: Вы замужем?

Лариса: Да, я замужем. А вы женаты?

Сан Су: Нет, я холост.

라리사: 인사합시다. 제 이름은 라리사예요. 당신은요?

상수: 제 이름은 상수입니다.

라리사: 만나서 반갑습니다.

상수: 저도 반갑습니다.

라리사: 당신은 일본인이신가요?

상수: 아니요, 저는 한국인입니다. 당신의 국적은 무엇인가요?

라리사: 저는 러시아인이에요. 당신은 어디에 사시나요?

상수: 저는 모스크바에 살고 있습니다. 하지만 한국, 서울에서 태어났어요. 당신은 모스크바에서 사시나요?

라리사: 네, 모스크바에서 살아요. 당신은 직장인이신가요, 아니면 학생이신가요?

상수: 저는 대학생입니다.

라리사: 무엇을 공부하시나요?

상수: 저는 러시아어를 공부합니다.

라리사: 러시아어를 잘하시는데요!

상수: 감사합니다. 그런 말을 들으니 기쁩니다. 당신도 학생이신가요?

라리사: 아니요, 저는 직장인입니다.
상수: 당신의 직업은 무엇인가요?
라리사: 저는 교사예요. 학교에서 일합니다.
상수: 당신은 결혼하셨나요?
라리사: 네, 저는 결혼했어요. 당신은 결혼하셨나요?
상수: 아니요, 독신입니다.

어휘와 표현

- **родиться** 태어나다
  - Он родился.
  - Она родилась.
  - Они родились.
  - Дедушка родился в Пусане.

주어진 보기를 보고 문장을 완성해 보세요.

보기
Ганс родился в Германии, он немец.

1. Мэри родилась в Англии, она ______________________.
2. Мишель родился во Франции, в Париже, он ______________________.
3. Юми и Такао родились в Токио, они ______________________.
4. Сергей родился в России, он ______________________.
5. Сонми родилась в Корее, в Сеуле, она ______________________.
6. Мигель родился в Барселоне, он ______________________.
7. Лю Ин родилась в Китае, в Шанхае, она ______________________.
8. Майк и Сара родились в Америке, они ______________________.

주어진 이름을 보고 출생지를 묻는 대화를 만들어 보세요.

보기

Джон

- Джон, где ты родился?
- Я родился в Америке, в Нью-Йорке.

1. Софи

2. Майк

3. Людмила

4. Наён

5. Такаши

6. Луиза

7. Даниель

러시아 문화 알아보기

당신의 국적은 무엇입니까?
Кто вы по национальности?

национальность는 일반적으로 국적을 묻지만 러시아에서 национальность는 국적뿐만 아니라 인종학적 분류, 즉 민족을 묻는 말이기도 합니다. 러시아에는 러시아인, 타타르인, 우크라이나인, 바쉬키르인, 추바쉬인, 카렐인 등등 190여 개의 민족이 있습니다. 우리가 말하는 русский, русская, русские는 러시아 연방 국가의 대다수를 차지하는 러시아 민족을 지칭하는 것이고 러시아 국적을 가진 사람을 지칭할 때는 россиянин, россиянка, россияне라고 말합니다.

현재 독일(Германия)에 사는 독일인을 지칭하는 немец는 11세기의 고대 러시아(Русь)에서는 알아들을 수 없는 말을 하는 모든 외국인을 지칭하였습니다. 이런 이유로 немецкая земля는 예전에 외국을 지칭하는 말이었습니다. 이후 다른 나라라는 의미의 иная (т.е. другая) страна에서 파생된 иностранец가 현재 '외국인'이라는 용어로 사용됩니다.

다양한 관습과 기질을 가진 외국인들과의 접촉은 러시아인들에게 인내와 포용을 가르치고 타인 접대에 소홀하지 않는 성향을 갖게 하였습니다. 11세기에 러시아 땅으로 외국인들이 이주하기 시작하여 12세기 말 러시아의 많은 도시에는 다양한 나라에서 온 상인, 수공업자, 의사, 학자 등 많은 사람들이 정착하였습니다. 그들의 후손이 지금도 러시아에서 살고 있는데 예를 들면 러시아 거주 독일인(российские немцы, 일상에서는 русские немцы라고도 불림)은 수백 년 전에 이주한 독일인 후손입니다.

우리 동포인 고려인[российские(русские) корейцы]은 19세기에 극동 지역으로 이주한 한국인의 후손입니다. 인종적 디아스포라를 이루는 이들은 역사적 조국과 모국어 교육, 문화, 교류 등 다양한 협력 관계를 유지하고 있습니다.

제 3 과

ЖЕНИТЬСЯ или ВЫЙТИ ЗАМУЖ

장가가다 또는 시집가다

핵심 표현

- Антон женился на Нине.
  안톤은 니나에게 장가갔다.
- Нина вышла замуж за Антона.
  니나는 안톤에게 시집갔다.
- Антон и Нина поженились.
  안톤하고 니나는 결혼했다.

지난 과에서 결혼한 상태인지, 독신인지, 가정 환경(상태)에 관한 표현을 배웠습니다. 살아가면서 좋은 동반자를 만나서 결혼하는 일은 일생일대의 중요한 선택이자 결정 사항입니다. 좋은 사람을 만나는 것도 행운이지만 더 어렵고 소중한 일은 그 사랑을 유지하는 것이라고 생각합니다. 여러분이 좋은 배우자를 만나 행복하기를 기원하면서 이번에는 '결혼하다'라는 동사의 활용법을 배우도록 하겠습니다. 그리고 예전에 배운 동사의 상을 복습하겠습니다.

어휘-문법 1

ВЫХОДИТЬ – ВЫЙТИ ЗАМУЖ / ЖЕНИТЬСЯ / ПОЖЕНИТЬСЯ

부사 ЗАМУЖЕМ, НЕ ЗАМУЖЕМ와 형용사 단어미 ЖЕНАТ, НЕ ЖЕНАТ/ХОЛОСТ 형태를 통해 결혼 유무 상태를 표현한다고 배웠습니다. 러시아어에도 '결혼하다'에 해당하는 여러 동사가 있습니다.

여성	выходить – выйти замуж (за кого?)
남성	жениться (на ком?)
여성·남성	пожениться

1 과거형

- **В прошлом году моя сестра Нина вышла замуж за Антона.**
  작년에 내 누이 니나는 안톤에게 시집갔다.
- **На прошлой неделе мой брат Вадим женился на Ларисе.**
  지난주에 내 형 바짐이 라리사에게 장가갔다.
- **В субботу Анна и Максим поженились.** 토요일에 안나와 막심이 결혼했다.

2 미래형

- **В апреле Вера выйдет замуж за Сергея.** 4월에 베라는 쎄르게이에게 시집갈 것이다.
- **На следующей неделе Виктор женится на Лене.**
  다음 주에 빅토르는 레나에게 장가간다.
- **Через 2 дня Таня и Максим поженятся.** 이틀 뒤에 따냐와 막심은 결혼할 것이다.

'결혼하다' 동사 ВЫХОДИТЬ (ЗАМУЖ)의 불완료상 현재형 변화가 미래시제를 표현할 수 있습니다. 불완료상 현재형 변화는 현재시제를, 완료상 현재형 변화는 미래시제를 나타내는데, 불완료상 현재형 변화가 미래시제를 나타내는 경우는 확정적인 사실이 가까운 미래에 이루어질 때 자주 쓰입니다.

- **В апреле Вера выходит замуж.** 4월에 베라는 결혼할 것이다.
  (= В апреле Вера выйдет замуж.)

위 동사를 사용하여 문장을 완성해 보세요.

보기
В прошлом году Наталья ________________.
→ В прошлом году Наталья вышла замуж за Ивана.

1. На следующей неделе Сергей ________________.
2. В прошлом месяце Таня и Олег ________________.
3. Завтра Ирина ________________.

СОБИРАТЬСЯ / ПЛАНИРОВАТЬ

여러분은 앞으로의 생각, 계획, 의도를 어떻게 표현하시겠습니까? 이때는 동사 **собираться** 또는 **планировать**를 사용하고, 그 뒤에 동사원형을 붙입니다.

собираться(=планировать) + 동사원형

Я собираюсь(=планирую) поехать в Москву.
나는 모스크바에 가려고 (계획)한다.

연습문제 2

СОБИРАТЬСЯ와 ПЛАНИРОВАТЬ 동사를 사용하여 질문에 답하세요.

보기

Студент 1: Что ты будешь делать летом?

Студент 2: Я собираюсь(планирую) поехать в Америку к старшему брату. Я собираюсь(планирую) всё лето готовиться к экзамену по английскому языку.

1. Что ты будешь делать в выходные дни?

____

____

2. Завтра у младшей сестры день рождения. Что ты хочешь подарить ей?

____

____

3. Сегодня мама болеет, поэтому тебе надо приготовить ужин. Что планируешь приготовить?

____

____

4. Вы идёте на рынок? А что вы собираетесь купить?

____

____

동사의 불완료상 - 완료상

여러분은 이미 ПОСЫЛАТЬ, ПОСЛАТЬ와 ПРИГЛАШАТЬ, ПРИГЛАСИТЬ 동사를 배웠습니다. 각 동사의 활용을 잠깐 복습해 볼까요?

누구에게, 무엇을 보내고 싶은데 어떻게 하죠? 예를 들면 친구에게 소포나 편지를 보내고 싶습니다. 이때는 '보내다'라는 동사 **посылать**(불완료상) **- послать**(완료상)를 씁니다.

	посылать	послать (кому? что?)
현재형	посылаю, -ешь, -ют	
과거형	посылал, -а, -и	послал, -а, -и
미래형	я буду посылать	я пошлю, ты пошлёшь, они пошлют
명령형	Посылай(те)!	Пошли(те)!

Мила послала подруге открытку.
밀라가 여자친구에게 엽서를 보냈다.

Саша, пошли, пожалуйста, бабушке эти фотографии.
싸샤, 할머니에게 이 사진들을 보내 줘, 부탁해.

누구를, 어떤 일로(어디로) 초대하고 싶을 때는 어떻게 합니까? 예를 들면 친구에게 청첩장을 보내고 싶습니다. 이때는 '초대하다'라는 동사 **приглашать**(불완료상) **- пригласить**(완료상)를 씁니다.

	приглашать	пригласить (кого? куда?)
현재형	приглашаю, -ешь, -ют	
과거형	приглашал, -а, -и	пригласил, -а, -и
미래형	я буду приглашать	я приглашу, ты пригласишь, они пригласят
명령형	Приглашай(те)!	Пригласи(те)!

Сергей пригласил Таню в ресторан.
쎄르게이는 따냐를 레스토랑에 초대했다.

Мы пригласим Ивана на нашу свадьбу, которая будет в следующем месяце.
우리는 이반을 다음 달에 있을 우리 결혼식에 초대한다.

어휘 приглашение 초청, 초청장　приглашение на свадьбу 결혼식 초청

회화 1

Track 03-1

최근에 친구의 언니가 시집을 갔습니다. 시집간 친구 언니에 대해 물어보면서 친구 언니에게 축하와 안부를 전합니다. 같이 읽어 볼까요?

А: Мила, я слышал, что твоя сестра Нина недавно вышла замуж.

Б: Да, свадьба была в феврале.

А: А за кого она вышла? Я его знаю?

Б: Нет, не знаешь, он американец, его зовут Майк.

А: Американец? А где они познакомились? В Америке?

Б: Нет, в Москве. Они вместе работают в российско-американской компании.

А: А кто он по профессии?

Б: Менеджер.

А: Передай сестре привет и поздравление.

Б: Спасибо, обязательно передам.

А: 밀라, 네 언니 니나가 최근에 시집갔다고 들었어.

Б: 응, 2월에 결혼식이 있었어.

А: 그런데 누구한테 시집간 거야? 내가 아는 사람이야?

Б: 아니, 모를 거야, 미국 사람이야, 이름이 마이크야.

А: 미국인이라고? 어디에서 알게 됐는데? 미국에서?

Б: 아니, 모스크바에서. 그들은 러-미 합작회사에서 같이 일해.

А: 남자는 직업이 뭐래?

Б: 매니저야.

А: 네 언니에게 안부와 축하 인사 전해 줘.

Б: 고마워, 꼭 전할게.

연습문제 3

다음 물음에 답하세요.

А) [회화 1]을 활용하여 다음 문장을 완성해 보세요.

1. Сестру Милы ________________ Нина.
2. В ________________ Нина вышла замуж за ________________.
3. Майк по национальности ________________, по профессии ________________.
4. Майк и Нина познакомились ________________.
5. Они вместе работают ________________.

Б) 위 연습문제 А) 문장을 모두 완성하였다면, 완성된 문장 전체를 한번 읽어 보세요. 그리고 책을 보지 말고 기억에 의존하여 문장 전체를 다시 한 번 이야기해 보세요.

회화 2

Track 03-2

한 달 뒤에 결혼하는 친구와 대화를 합니다.

А: Павел, я слышала, что ты собираешься жениться. Это правда?

Б: Да, правда. Свадьба будет через месяц.
Скоро я пошлю тебе приглашение на свадьбу.

А: А на ком ты женишься?

Б: На Наташе. Мы вместе учились в школе. Наташа – моя первая любовь.

А: Она работает или учится?

Б: Работает в больнице.

А: Она врач?

Б: Нет, медсестра.

А: Желаю вам счастья!

А: 빠벨, 네가 결혼할 거라고 들었어. 그게 정말이야?

Б: 응, 사실이야. 한 달 뒤에 결혼식이 있을 거야. 곧 결혼 초대장 보내 줄게.

А: 누구한테 장가가는데?

Б: 나타샤야. 우리는 학교를 같이 다녔어. 나타샤는 내 첫사랑이야.

А: 그녀는 직장인이야 아니면 학생이야?

Б: 병원에서 일해.

А: 의사니?

Б: 아니, 간호사야.

А: 둘이 행복하길 바란다!

연습문제 4

다음 제시된 내용에 이어 그 뒷이야기를 만들어 보세요.

А)

1. Игорь и Таня познакомились в университете, они вместе учились на математическом факультете.
2. ______________________
3. ______________________

어휘 математика 수학 математический 수학의

Б)

1. Лариса выходит замуж за Вадима.
2. ______________________
3. ______________________

연습문제 5

다음 질문에 적절하게 대답해 보세요.

1. Где живут ваши дедушка и бабушка? Как часто вы ездите к ним? На чём вы обычно ездите к ним?

____

2. Куда ты собираешься поехать на летних каникулах?

____

3. Я слышала, что вам не понравилось отдыхать на море? Почему?

____

4. Я слышала, что твой друг Саша недавно женился. Это правда?

____

5. Твоя сестра скоро выйдет замуж за француза? А где они познакомились?

____

6. Максим хочет жениться на Нине? Но я слышала, что он любит Наташу.

____

7. Почему Анна не хочет выходить замуж за Вадима?

____

러시아 문화 알아보기

러시아의 결혼

Русская свадьба

결혼은 러시아 문화에서 중요한 예식입니다. 결혼 예식은 15세기경 형성되었는데 중매에서부터 결혼 피로연까지 10단계를 치르는 데 3개월이 걸리기도 합니다.

현재의 결혼식은 아주 간소화되었지만 아직도 예전의 전통이 남아 있습니다. 예를 들면 신부 몸값의 지불입니다. 결혼식 날 예비 신랑은 가족, 친지, 친구들과 신부 집으로 신부를 데리러 옵니다. 신부 집 근처에서 신부 여자 친구들이 그를 맞이하면서 사랑하는 친구를 그냥 내줄 수 없다고 몸값을 지불하라고 요구하고 여러 재미있는 놀이와 질문을 던집니다. 이때 신랑은 신부의 친구들에게 사탕, 과자, 샴페인, 작은 돈 등으로 선물을 합니다. 신랑이 신부 몸값을 지불하는 절차가 끝나면 그들은 친척, 친구들과 함께 ЗАГС(출생·사망·결혼 등록청, Запись Актов Гражданского Состояния)로 갑니다. 이곳은 공식적으로 결혼을 등록하고 부부가 되었다는 서류를 내주는 관공서로서, 주례 없이 관공서의 관리가 10~15분 정도 결혼서약과 예물(반지)을 나누는 것으로 예식을 진행합니다.

예식 후 신혼부부와 친지들은 도시와 외곽의 명승지를 돌며 기념 사진을 찍습니다. 이날 순국선열의 기념비에 들러 헌화하는 전통이 있는데 이는 2차 세계대전 등 조국을 위해 희생한 용사들에게 고마움을 표시하고 그들의 넋을 기리는 의미입니다.

다음으로 결혼 행렬은 피로연장(신랑 집)으로 향합니다. 신랑 부모는 문지방에서 크고 둥근 빵과 소금 통을 들고 신혼부부를 맞이합니다. 신혼부부는 손대지 않고 빵을 크게 베어 먹습니다. 더 크게 베어 먹는 사람이 집안의 대장이 된다고 여깁니다. 그 다음 샴페인 잔이 건네지고 다 마신 잔을 바닥에 깨트립니다. 러시아에서는 고대부터 식기를 깨트리면 행운이 온다고 여겼기 때문이죠. 또 하나의 전통으로 신랑이 신부를 두 손으로 안아 들고 문지방을 넘어 집안으로 들어갑니다. 신부의 발이나 신발, 치마가 문지방에 닿지 않아야 신혼부부의 삶이 행복해진다고 믿기 때문이죠. 미신이지만 문지방은 외부 세상과 가족과의 경계를 상징하는 특별 구역으로 생각한답니다. 오늘날 축하 피로연은 보통은 신랑 집에서보다 식당에서 이루어지지만 옛 관습이 여전히 이어지고 있습니다. 춤과 노래와 놀이가 곁들여진 흥겨운 피로연은 밤중을 지나 다음 날까지도 이어지고 신혼부부는 신혼여행을 떠납니다.

제 4 과

КОГДА МЫ ПОЕДЕМ В РОССИЮ?

언제 우리 러시아로 갈까?

핵심 표현

- Мы поедем в Россию в августе.
  우리는 8월에 러시아로 갈 것이다.
- У мамы день рождения двадцать первого апреля.
  엄마 생일은 4월 21일이다.
- Брат родился десятого июня тысяча девятьсот девяносто восьмого года.
  형은 1998년 6월 10일에 태어났다.

지나가는 시간은 두 번 다시 오지 않는 아주 귀한 것입니다. 우리는 일상 생활에서 약속을 하거나, 지난 이야기나 하루 계획을 이야기할 때, 종종 «КОГДА…?(언제?)»라고 물어보고 답합니다. 이 과에서는 «КОГДА…?»라고 물었을 때 답하는 다양한 시간 표현에 대해서 알아보도록 하겠습니다.

어휘-문법 1

목적격을 사용한 시간 표현

«КОГДА…?» 질문에 대한 대답은 시, 분, 요일, 월, 년 등으로 다양하게 표현할 수 있습니다. 이 질문에 러시아어로 답할 때 시간은 목적격, 전치격, 생격, 조격 등의 다양한 문법 구조로 표현됩니다.

- Когда будет экзамен? 시험이 언제 있지?
- Когда ты поедешь на море? 너는 언제 바닷가에 가니?
- Когда ты окончил школу? 너는 언제 학교를 졸업했니?
- Когда женился твой брат? 네 동생은 언제 결혼했니?

'몇 시 몇 분에'처럼 **'시간과 요일에'** 관련되면 전치사 В를 사용하는 목적격이 쓰입니다.

1 시간(время)

- Когда ты обедаешь? 언제 밥을 먹니?
- Я обедаю в час/в 2 часа/в 12 часов/в 12:30(в двенадцать тридцать).
  한 시/두 시/열두 시/열두 시 삼십 분에 먹어.

2 요일(день недели)

- Когда ты поедешь в Пусан? 언제 부산에 가니?
- В понедельник/во вторник/в среду/в четверг/в пятницу/в субботу/в воскресенье.
  월요일/화요일/수요일/목요일/금요일/토요일/일요일에 가.

다음 질문에 답하세요.

1. Когда начинается урок русского языка?

____

2. Когда ты изучаешь русский язык в университете?

____

3. Когда ты занимаешься в библиотеке?

____

4. Когда ты пойдёшь в бассейн?

____

전치격을 사용한 시간 표현

'~월에'와 '~년에'를 표현할 때 전치사 B를 사용하는 전치격이 쓰입니다.

1 월(месяц)

※ 월을 격변화시킬 때 강세 이동에 주의하세요.

	~월(주격)	~월에(전치격)
1	янва́рь	в январе́
2	февра́ль	в феврале́
3	март	в ма́рте
4	апре́ль	в апре́ле
5	май	в ма́е
6	ию́нь	в ию́не
7	ию́ль	в ию́ле
8	а́вгуст	в а́вгусте
9	сентя́брь	в сентябре́
10	октя́брь	в октябре́
11	ноя́брь	в ноябре́
12	дека́брь	в декабре́

- Сейчас март. 지금은 3월이다.
- Я поеду в Америку в марте. 나는 3월에 미국에 간다.

2 년(год)

Какой сейчас год? 몇 년(주격 사용)	Когда (В каком году)…? 몇 년에(전치격 사용)
1995 – Сейчас тысяча девятьсот девяносто пятый год.	1995 – Брат родился в тысяча девятьсот девяносто пятом году.
1990 – Сейчас тысяча девятьсот девяностый год.	1990 – Брат родился в тысяча девятьсот девяностом году.
2001 – Сейчас две тысячи первый год.	2001 – Сестра окончила школу в две тысячи первом году.

빈칸에 알맞은 표현을 써 보세요.

Сейчас ______________ (1928)	Дедушка родился ______________ (1928)
Сейчас ______________ (1957)	Папа родился ______________ (1960)
Сейчас ______________ (1942)	Мама окончила школу ______________ (1979)
Сейчас ______________ (1986)	Лев Толстой умер ______________ (1910)
Сейчас ______________ (2017)	Мы поступили в университет ______________ (2015)

위에 쓴 답이 맞는지 확인해 보세요.

Сейчас тысяча девятьсот двадцать восьмой год	Дедушка родился в тысяча девятьсот двадцать восьмом году.
Сейчас тысяча девятьсот пятьдесят седьмой год.	Папа родился в тысяча девятьсот шестидесятом году.
Сейчас тысяча девятьсот сорок второй год.	Мама окончила школу в тысяча девятьсот семьдесят девятом году.
Сейчас тысяча девятьсот восемьдесят шестой год	Лев Толстой умер в тысяча девятьсот десятом году.
Сейчас две тысячи семнадцатый год.	Мы поступили в университет в две тысячи пятнадцатом году.

다음 질문에 답하세요.

1. Когда в университете будет фестиваль?

____

2. Когда будет экзамен?

____

3. Когда ты поедешь в Россию?

____

4. Когда в Корее сезон дождей?

____

어휘 сезон 계절　дождь 비　сезон дождей 장마철

생격을 사용한 시간 표현

1 날짜 + 월(число + месяц)

'몇 월 며칠'과 '몇 월 며칠에'라는 표현은 다릅니다. '몇 월 며칠'은 날짜 표현에 주격이 사용되고 '몇 월 며칠에'는 날짜 표현에 생격이 사용됩니다.

※ 월은 둘 다 생격입니다.

주격	생격
- Какое сегодня число? 오늘은 며칠이지? - Сегодня пятнадцат**ое марта.** 오늘은 3월 15일이야.	- Когда ты поедешь в Сеул? 너는 언제 서울에 가니? - Пятнадцат**ого марта.** 3월 15일에.

※ 월을 격변화시킬 때 강세 이동에 주의하세요.

	주격	생격		주격	생격
1월	янва́рь	января́	7월	ию́ль	ию́ля
2월	февра́ль	февраля́	8월	а́вгуст	а́вгуста
3월	март	ма́рта	9월	сентя́брь	сентября́
4월	апре́ль	апре́ля	10월	октя́брь	октября́
5월	май	ма́я	11월	ноя́брь	ноября́
6월	ию́нь	ию́ня	12월	дека́брь	декабря́

2 날짜, 월, 연도(число, месяц, год)

'언제'라고 묻는 질문에 날짜, 월, 연도를 모두 써서 '몇 년 몇 월 며칠에'라고 대답할 경우 날짜, 월, 연도의 끝부분 모두 생격을 사용합니다.

- шестое 6일
- шестого 6일에
- тысяча девятьсот восемьдесят первый год 1981년
- тысяча девятьсот восемьдесят первого года 1981년의

- Когда родился брат? 형은 언제 태어났니?
- Брат родился первого марта тысяча девятьсот девяносто пятого года.
  형은 1995년 3월 1일에 태어났어.

참고로 러시아에서는 날짜, 월, 연도 순으로 표기합니다. 예를 들면 03.09.2020이면 2020년 9월 3일입니다.

연습문제 3 다음 질문에 대답해 보세요.

1. Какое сегодня число? (25.06)

   Сегодня ______________________________.

2. Когда будет экзамен? (21.04)

   ____

3. Какое число было вчера? (18.12)

   ____

4. Когда у тебя день рождения?

   ____

연습문제 4 다음 질문에 대답해 보세요.

1. Когда родился папа?

   ____

2. Когда вы родились?

   ____

3. Когда сестра вышла замуж?

   ____

4. Когда женился брат?

   ____

5. Когда ваши родители поженились?

   ____

주의하세요!

'며칠'에 대한 언급 없이 '월, 연도'만을 말할 때 월은 전치격, 연도의 끝은 생격으로 씁니다.

месяц (전치격) + **год** (생격)

- Отец был в Москве в августе тысяча девятьсот девяносто пятого года.
  아버지는 1995년 8월에 모스크바에 계셨다.
- Свадьба брата будет в сентябре две тысячи семнадцатого года.
  형의 결혼식은 2017년 9월에 있을 거야.

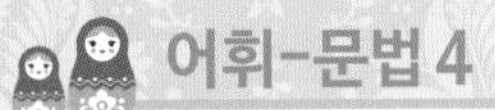

시간 표현 : В, НА, ЧЕРЕЗ, НАЗАД

여러분이 시간 표현에서 꼭 명심해야 할 중요한 문법을 알아봅시다.

1 '~주에', '~월에', '~년도에'를 표현할 때, '월'과 '연도'에는 '전치사 **В** + 명사의 전치격'이 오고, '주'에는 '전치사 **НА** + 명사의 전치격'이 옵니다.

МЕСЯЦ / ГОД	НЕДЕЛЯ
В этом В прошлом + месяце/году В следующем	НА этой НА прошлой + неделе НА следующей

- В прошлом году Иван начал работать в небольшой фирме.
  작년에 이반은 중소기업에서 일하기 시작했다.
- Свадьба сестры будет на следующей неделе.
  누이의 결혼식은 다음 주에 있을 것이다.

2 전치사 ЧЕРЕЗ와 부사 НАЗАД 사용 시, 전치사 **ЧЕРЕЗ**는 시간 앞에 나오고 뒤에 위치한 시간 명사는 대격입니다. 부사 **НАЗАД**는 시간 뒤에 위치하고 앞에 나오는 시간 명사는 대격입니다.

ЧЕРЕЗ + (~뒤에, ~후에)	(один) день/месяц/год (одну) минуту/неделю
	два, три, четыре дня/месяца/года две, три, четыре минуты/недели
	пять, шесть··· дней/месяцев/лет пять, шесть··· минут/недель

(один) день/месяц/год (одну) минуту/неделю	+ НАЗАД (~전에)
два, три, четыре дня/месяца/года две, три, четыре минуты/недели	
пять, шесть··· дней/месяцев/лет пять, шесть··· минут/недель	

- Экзамены начнутся через две недели. 시험은 2주 뒤에 시작된다.
- Экзамены закончились две недели назад. 시험은 2주 전에 끝났다.

- Брат поедет в Россию через пять месяцев.
  형은 5개월 후에 러시아로 갈 것이다.
- Отец вернулся из России пять месяцев назад.
  아버지는 5개월 전에 러시아에서 돌아오셨다.

회화

Track 04

СОБЕСЕДОВАНИЕ В ФИРМЕ 회사에서의 면접

바짐은 좋은 회사에 취업하여 멋지게 사회에 진출하고 싶어 합니다. 바짐과 «Союз» 회사 매니저의 면접 대화에서 나타나는 시간 표현에 주의하면서 면접 때 이루어지는 대화 내용을 살펴보겠습니다. 여러분들도 러시아어로 멋지게 자신을 피력하세요.

Вадим: Я хотел бы работать в вашей фирме.

Менеджер: Когда и где вы родились?

Вадим: Я родился в Москве десятого декабря (тысяча девятьсот) девяносто первого года.

Менеджер: Что вы окончили?

Вадим: Я окончил Московский университет.

Менеджер: На каком факультете вы учились (Какой факультет вы окончили)?

Вадим: Я учился на экономическом факультете (Я окончил экономический факультет).

Менеджер: В каком году вы окончили университет?

Вадим: В 2014 году.

Менеджер: А где вы работали раньше?

Вадим: В прошлом году я начал работать в фирме ≪Восток≫, но, к сожалению, эта фирма закрылась.

Менеджер: Кем вы работали?

Вадим: Я работал экономистом.

Менеджер: Почему вы хотите работать в нашей компании?

Вадим: В университете я глубоко изучал экономику Кореи, поэтому хотел бы работать в российско-корейской компании.

Менеджер: Вы женаты?

Вадим: Нет, я холост.

Менеджер: Хорошо, спасибо. Оставьте свой телефон, через неделю мы пригласим вас на собеседование с директором фирмы.

Вадим: Вот, пожалуйста, моя визитная карточка.

바짐: 이 회사에서 일하고 싶습니다.

매니저: 언제, 어디에서 태어나셨나요?

바짐: 1991년 12월 10일에 모스크바에서 태어났습니다.

매니저: 무엇(어느 대학)을 마쳤습니까?

바짐: 모스크바대학을 졸업했습니다.

매니저: 어떤 학부에서 공부했습니까(어떤 학부를 졸업했습니까)?

바짐: 경제학부에서 공부했습니다(경제학부를 졸업했습니다).

매니저: 몇 년도에 대학을 졸업했나요?

바짐: 2014년에 (졸업했습니다).

매니저: 그전에는 어디에서 일하셨나요?

바짐: 작년에 '동방' 회사에서 일을 시작했습니다만, 안타깝게도, 회사가 문을 닫았습니다.

매니저: 어떤 일을 하셨나요?

바짐: 경제(분석가) 일을 했습니다.

매니저: 왜 우리 회사에서 일을 하고 싶은신가요?

바짐: 대학교 때 한국 경제를 심도 있게 공부했습니다. 그래서 러•한 회사에서 일하고 싶습니다.

매니저: 결혼하셨나요?

바짐: 아니요, 독신입니다.

매니저: 좋습니다, 감사합니다. 전화번호 남겨 주세요, 일주일 뒤에 회사 사장님하고 면접을 위해 부르겠습니다.

바짐: 여기, 제 명함입니다.

어휘와 표현

- **собеседование** 면접, 인터뷰, 대담
- **к сожалению** 유감스럽게도, 안타깝게도, 미안하지만
- **оставить (телефон)** 전화번호를 남기다 = **сказать номер телефона**
- **визитная карточка** 명함 = **визитка**
- **хотел бы** 표현은 동사 **хотеть**의 과거형에 조사 **бы**가 들어간 형태이고, 다음에 동사원형이 옵니다. **хотел бы** 는 '~을 하고 싶다, 원하다, 바라다'의 뜻으로 **хотеть** 와 동일한 의미입니다.

  Я ХОТЕЛ БЫ··· = Я ХОЧУ···

  - **Я хотел бы работать в вашей фирме. = Я хочу работать в вашей фирме.**
    당신의 회사에서 일하고 싶습니다.

  хотел бы는 **хотеть**보다 부드럽고 예의 바른 뉘앙스로 정중한 공식적인(사무적인) 표현으로 사용됩니다.
- **ОКАНЧИВАТЬ – ОКОНЧИТЬ (УНИВЕРСИТЕТ)** 졸업하다
  '(대학을) 졸업하다'라는 동사 **ОКАНЧИВАТЬ – ОКОНЧИТЬ**는 어휘 의미상 '입학하다'라는 동사 **ПОСТУПАТЬ – ПОСТУПИТЬ**와 연관됩니다. 두 동사의 문법적 사용을 같이 알아두시기 바랍니다.

поступать	поступить (куда?)	оканчивать	окончить (что?)
я поступаю, -ешь, -ют		я оканчиваю, -ешь, -ют	
поступал, -а, -и	поступил, -а, -и	оканчивал, -а, -и	окончил, -а, -и
я буду поступать	я поступлю ты поступишь они поступят	я буду оканчивать	я окончу ты окончишь они окончат

- **Брат поступил в школу в 1997 году.** 형은 1997년에 학교에 입학했다.
- **Брат окончил школу в 2009 году.** 형은 2009년에 학교를 졸업했다.

- ЗАКРЫВАТЬ – ЗАКРЫТЬ (ЧТО) 닫다
  - Я закрыл книгу/окно/дверь/сумку/рот. 나는 책/창문/문/가방/입을 닫았다.
  - Директор закрыл фирму. 사장은 회사를 닫았다.

  ЗАКРЫВАТЬСЯ – ЗАКРЫТЬСЯ 닫히다
  - Книга/Дверь/Фирма закрылась. 책/문/회사가 닫혔다.
  - Окно закрылось. 창문이 닫혔다.

회사 면접 관련 다음의 상황을 가정하여 대화해 보세요.

1) 당신은 신문방송학부를 졸업하였고, 정치 전문 신문사에서 기자로 일하고 싶어 합니다.

어휘 журналист 저널리스트 политика 정치 факультет журналистики 신문방송학부

2) 당신은 대학교에서 역사학부를 졸업하였고, 학교에서 선생님으로 일하고 싶어 합니다.

어휘 исторический факультет 역사학부

ПОСТУПАТЬ – ПОСТУПИТЬ와 ОКАНЧИВАТЬ – ОКОНЧИТЬ 동사를 사용한 문장입니다. 문장을 완성해 보세요.

1. В прошлом году сестра поступила ______________ (Московский государственный университет) ______________ (химический факультет).

2. В следующем году Алексей окончит ______________ (Санкт-Петербургский университет) ______________ (физико-математический факультет).

3. Младшая сестра окончила ______________ (школа) и поступила ______________ (медицинский институт).

어휘 государственный 국립의 химический 화학의 физико-математический 물리-수학의 медицинский институт 의과 대학

[회화]의 내용에 맞게 다음 문장을 완성해 보세요.

1. Вадим родился ________________________________.
2. Он окончил ________________________________.
3. В университете он глубоко изучал ________________________________.
4. Год назад он работал ________________________________.
5. К сожалению, ________________________________.
6. Вадим хотел бы работать ________________________________.

연습문제 8

[연습문제 7]의 답을 맞게 썼다면 짧은 본문이 완성되었을 겁니다. 완성된 전체 본문을 한 번 읽어 보세요. 그 다음 책을 보지 말고 기억에 의존하여 그 내용을 다시 이야기해 보세요.

러시아 문화 알아보기

왜 러시아에서는 크리스마스가 1월 7일일까요?

Почему Рождество празднуют в России **7** января**?**

전 세계적으로 크리스마스는 기독교의 중요한 기념일 중 하나입니다. 그런데 왜 러시아의 크리스마스는 12월 25일이 아니라 1월 7일일까요? 그 이유는 러시아에서는 (1917년 사회주의 혁명 후 달력을 그레고리력으로 바꾸긴 했지만) 1918년까지 가이우스 율리우스 카이사르 이름을 따른 율리우스력을 따랐기 때문입니다. 기원전 1세기에 달력을 만들기로 결심한 카이사르는 1년이 365일 6시간이라고 계산했습니다. 그러나 실제로 1년은 365일 5시간 49분이었습니다. 즉 1년은 카이사르가 생각한 것보다 11분이 적었던 것입니다.

16세기경 달력과 실제 시간과의 차이는 10일로 벌어졌고 바티칸 왕위에 오른 교황 그레고리 8세는 날짜 간격을 극복하고자 그레고리력으로 알려진 새로운 달력을 채택했는데 비카톨릭 국가들은 바티칸의 새 달력을 오랫동안 거부했습니다. 러시아에 전파된 종교는 기독교의 하나인 정교인데 정통성을 강조하는 정교는 변화에 아주 보수적이어서 새 달력을 수용하지 않았고 러시아 정교는 지금도 율리우스력을 따르고 있습니다.

오늘날 그레고리력과 율리우스력 사이의 간격은 13일로 벌어졌고, 그레고리력의 크리스마스 12월 25일은 율리우스력으로 따지면 1월 7일이 됩니다.

율리우스력의 영향은 종교 기념일뿐 아니라 최고 명절인 새해에도 미칩니다. 러시아인은 새해를 두 번 맞이하는데 그레고리력을 따르는 공식 새해는 1월 1일이지만 율리우스력을 따르는 구정(옛날 달력을 따르는 새해, **Старый Новый год**)은 14일을 여는 13일 밤 자정에 시작됩니다.

제 5 과

ЭТО ФОТОГРАФИЯ ВАШЕЙ СЕМЬИ?

이 사진은 당신 가족 사진입니까?

핵심 표현

- Чем занимается твой брат?
  네 형은 무슨 일을 하니?
- Он работает экономистом в банке.
  그는 은행에서 경제(분석가) 일을 맡고 있어.

여러분이 배운 동사 ЗАНИМАТЬСЯ는 다양한 의미가 있다는 것을 기억하십니까? ЗАНИМАТЬСЯ는 어떤 문법 구조에서 쓰이느냐에 따라 뉘앙스가 달라집니다. 보통 공부와 취미의 두 가지 의미로 많이 사용된다는 것을 알고 계시죠? 이번 과에서는 ЗАНИМАТЬСЯ에 대해 학습하고 더불어 직업과 관련된 표현을 배워 봅시다.

ЗАНИМАТЬСЯ 동사

1 장소(где?)와 같이 쓰이면 '스스로 공부하다'의 뜻입니다.

- **Софья занимается в библиотеке.** 소피야는 도서관에서 공부한다.

2 조격(чем?)과 같이 쓰이면 '취미'의 뜻입니다.

- **Чем ты занимаешься в свободное время?** 여가 시간에 무엇을 하니?
- **Я занимаюсь теннисом.** 테니스를 해.

3 동사 ЗАНИМАТЬСЯ는 조격(чем?)을 사용할 때, 취미 이외의 또 다른 의미가 있습니다.

1) 무엇을 하고 있는지?

- **- Алло!**
  여보세요!
  - Привет, Антон! Чем занимаешься? (Что ты сейчас делаешь?)
  안녕, 안톤! 뭐 하고 있니? (지금 무엇을 하고 있니?)
  - Я читаю роман Толстого.
  톨스토이 소설을 읽고 있어.

2) 직장에 다니는지(일하는지) 아니면 공부하는 학생인지?

- **- Чем занимается твой брат? (Твой брат работает или учится?)**
  네 형은 무슨 일하니? (청자의 형이 직장 다니며 일하는지 아니면 공부하는 학생인지 궁금함.)
  - Брат окончил школу и поступил в университет на экономический факультет.
  형은 학교를 졸업하고 대학교 경제학부에 입학했어.

3) 기관이나 회사에 대해 얘기할 때는 그 기관이 무엇을 하는 어떤 기관인지?

- **- Ты работаешь в компании «Восток»? А чем она занимается? (Какая это компания? Что она делает?)**
  너는 '동방' 회사에서 일하니? 회사는 무슨 일을 해? (회사가 어떤 회사야? 회사는 무슨 일을 하니?)
  - Это строительная компания. / Она занимается строительством.
  건설 회사야. / 회사는 건설하는 일을 해.

어휘 строительство 건설 строительный 건설의

А) ЗАНИМАТЬСЯ 동사를 사용하여 질문에 답해 보세요.

1. Где ты обычно занимаешься?

2. Чем занимается твой младший брат в свободное время?

3. Ваша сестра работает в фирме «Звезда». А чем занимается эта фирма?

4. У тебя два брата? А чем они занимаются?

5. Я играю в бадминтон. А чем ты занимаешься?

Б) 서로에게 А)의 질문과 유사한 질문을 해 보세요.

어휘-문법 2

РАБОТАТЬ КЕМ?

직업을 말할 때 자주 사용되는 아래 두 문장의 문법적 차이를 알아봅시다.

- **Олег – врач.** 올레그는 의사다
- **Олег работает врачом.** 올레그는 의사로 일한다.

두 문장의 표현은 다르지만 내용은 같습니다. 첫 번째 문장에서는 동사 **БЫТЬ**의 현재형이 사용되었다고 보면 됩니다. 그러나 영어의 be 동사와는 다르게 러시아 동사 **БЫТЬ**의 현재형은 표현(발음)되지 않습니다. 이 문장 구문에서 직업 명사는 주격으로 씁니다. 두 번째 문장에서는 동사 **РАБОТАТЬ**를 사용하였습니다. 동사 **РАБОТАТЬ**도 직업을 나타내는 명사와 결합하여 자주 쓰입니다. 이때 직업 명사는 조격으로 옵니다.

보기와 같이 문장으로 써 보세요.

보기

Отец – экономист.
→ Отец работает экономистом.

❶ Мария – учительница.

→ ______________________________

❷ Дмитрий – шофёр.

→ ______________________________

❸ Катя – повар, а Сергей – официант.

→ ______________________________

❹ Ольга Николаевна – гид.

→ ______________________________

어휘 официант 종업원(웨이터), гид 가이드

어휘-문법 3

СТАТЬ КЕМ?

- 직업을 나타낼 때 '무엇이 되다'라는 의미의 동사 СТАТЬ도 사용됩니다. 이때 직업을 나타내는 명사는 조격으로 씁니다.

  - Брат окончил университет и стал учителем. 형은 대학을 졸업하고 교사가 되었다.
  - Я хочу стать переводчиком. 나는 통번역사가 되고 싶다.

- 동사 СТАТЬ는 완료상 동사이므로 시제로는 현재형이 없고 과거형과 미래형만 있다.

	стать
과거형	стал, -а, -и
미래형	стану, - ешь, -ут
명령형	стань(те)!

연습문제 3

СТАТЬ 동사를 사용하여 다음 질문에 과거형 또는 미래형으로 대답해 보세요.

1. Кем вы хотите стать?

____

2. Кем стал ваш старший брат?

____

3. Кем станет ваша старшая сестра, когда она окончит университет?

____

4. Подруга учится на историческом факультете? А кем она хочет стать?

____

회화

Track 05

다른 사람과 인사를 나눌 때, 서로 가족에 대한 이야기를 종종 나누게 되는데 소중한 우리 가족에 대해 이야기해 봅시다.

А: Это фотография вашей семьи?

Б: Да. В нашей семье 6 человек.

А: Это родители? Сколько им лет?

Б: Папе 62 года, маме – 60 лет.

А: Ваш отец работает или он пенсионер?

Б: Он экономист, работает в банке.

А: А мама работает?

Б: Нет, она пенсионерка.

А: А это ваш брат? Чем он занимается?

Б: Он работает переводчиком в русско-корейской фирме.

А: А кто это?

Б: Это жена брата.

А: Чем она занимается?

Б: После университета она 2 года работала учительницей в школе, но сейчас не работает, воспитывает сына и дочь.

А: А это младшая сестра? Она школьница?

Б: Да, это младшая сестра, она окончила школу в прошлом году и сразу поступила в университет.

А: Кем она хочет стать?

Б: Она хочет стать библиотекарем.

А: 이것은 당신 가족 사진입니까?

Б: 네. 우리 가족은 여섯 명입니다.

А: 이분들은 부모님입니까? 연세가 어떻게 되나요?

Б: 아버지는 62세이고, 어머니는 60세입니다.

А: 당신 아버지는 일하십니까? 아니면 (은퇴하신) 연금생활자이십니까?

Б: 경제분석가이고 은행에서 일합니다.

А: 어머니는 일하십니까?

Б: 아니요, 연금생활자입니다.

А: 이분은 형인가요? 어떤 일을 하나요?

Б: 러·한 회사에서 통번역을 하고 있습니다.

А: 이 사람은 누구입니까?

Б: 형수입니다.

А: 형수는 무슨 일을 합니까?

Б: 형수는 대학 졸업 후 2년 간 학교에서 교사로 일했습니다만, 지금은 일을 하지 않고, 아들과 딸을 키웁니다.

А: 이 사람은 여동생인가요? (고등)학생입니까?

Б: 예, 여동생입니다. 작년에 (고등)학교를 졸업하고 바로 대학교에 입학했습니다.
А: 어떤 일을 하고 싶어 하나요?
Б: 도서관 사서가 되기를 원합니다.

어휘와 표현

- **пенсия** 연금
  (퇴직이나 연령에 따른) 연금생활자: **пенсионер**(남자), **пенсионерка**(여자)
- **переводчик** 통번역가
- **библиотекарь** 도서관 사서
- **воспитывать – воспитать кого?(сына, дочь, детей)** 양육하다, 기르다, 교육시키다
  | Сестра не работает, она воспитывает сына. 여동생은 일하지 않고 아들을 키웁니다.

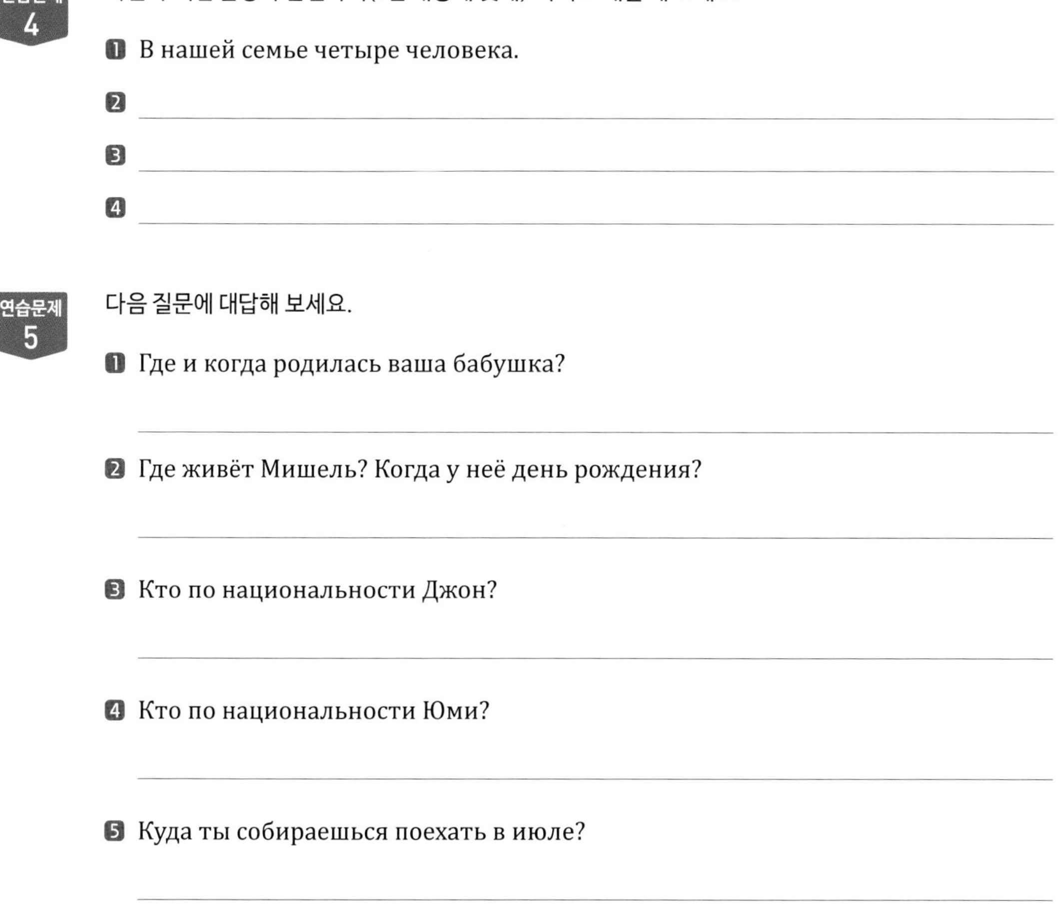

연습문제 4 다음 주어진 문장과 관련하여(1번 내용에 맞게) 가족 소개를 해 보세요.

1. В нашей семье четыре человека.
2. ______________________
3. ______________________
4. ______________________

연습문제 5 다음 질문에 대답해 보세요.

1. Где и когда родилась ваша бабушка?
   ____
2. Где живёт Мишель? Когда у неё день рождения?
   ____
3. Кто по национальности Джон?
   ____
4. Кто по национальности Юми?
   ____
5. Куда ты собираешься поехать в июле?
   ____

6 Кто по профессии ваш дедушка? В каком году он родился?

____

7 Где познакомились ваши родители? Когда?

____

8 Ваша сестра замужем?

____

9 Ваш брат женат?

____

10 За кого вышла замуж ваша сестра? Когда была свадьба?

____

11 На ком собирается жениться ваш брат? Когда будет свадьба?

____

12 Кому брат послал приглашение на свадьбу?

____

13 Когда Сергей идёт в кино? Кого он пригласил?

____

14 Куда вы пригласили подругу? Когда вы пойдёте?

____

자습 과제 [부록]에 있는 표를 참조하여 목적격(대격)을 익혀 봅시다. 여러분 스스로 복습한 후에 아래의 문제를 풀어 보세요.

연습문제 6

다음 문장을 완성해 보세요.

1 Мама всегда готовит ______________________________.

2 Я часто встречаю ______________________________.

3 Брат взял ______________________________.

4 Папа всегда даёт ______________________________.

5 Мы пригласили ______________________________.

6 Бабушка поздравила ______________________.

7 Дети играют ______________________.

8 Он открыл ______________________.

9 Нина закончила ______________________.

10 Нина окончила ______________________.

11 Я хочу послать ______________________.

12 Виктор сфотографировал ______________________.

13 Мы хорошо провели ______________________.

14 Летом они ездили ______________________.

15 Дима поступил ______________________.

16 Кто воспитывает ______________________?

17 Я собираю ______________________.

연습문제 7

다음 질문에 대답해 보세요.

1 Твоя сестра – дипломат? А что она окончила? Когда?

____

2 На каком факультете учится твой брат? На каком курсе?

____

3 Твой старший брат окончил университет в прошлом году? А на каком факультете он учился? Где он сейчас работает? Кем?

____

4 Ты сказала, что хочешь стать учительницей. Почему?

____

5 Твой младший брат через год окончит школу. Что он будет делать потом?

____

6 Ты хочешь работать журналистом в газете? Почему? Раньше ты мечтал стать переводчиком.

____

7 Ты сказал, что хочешь поступить в музыкальный институт. Почему?

____

어휘 дипломат 외교관

러시아 문화 알아보기

가족과 가족 관계

Семья и семейные отношения

러시아인은 전통적으로 중요한 가치의 첫 번째로 가족을 뽑습니다. 두 번째로는 건강이고 그 다음으로 돈, 직업, 주택 등의 순서입니다. 따뜻한 가족 관계, 화목한 가정을 최우선으로 선택하는 러시아 국민들의 대다수는 경제적 어려움이 있더라도 상호 이해와 협력이 있는 가정을 이상적으로 여깁니다. 단지 소수만이 경제적 여유가 인간 관계보다 중요하다고 생각합니다.

가족과 결혼, 가족 관계에 대한 전통적 견해가 시대 변화에 따라 많이 바뀌었습니다. 20세기 초까지 결혼은 사랑하는 두 사람의 결합이 아니라 경제적 계산에 의한 거래로서 신랑 신부가 결혼식 날 처음 대면하는 경우가 종종 있었는데 당시에는 생존과 가문을 잇기 위해서, 결혼하는 것을 당연시 여겼습니다.

1917년 혁명 후 러시아 사회 전반에 커다란 변화가 생기는데 사람들이 스스로 결혼 상대자를 고르기 시작한 것입니다. 출생·사망·결혼 등록청 'ЗАГС'가 마련되고 이곳에 결혼 사실을 등록하였습니다. 1990년대까지 결혼 등록 없이 동거하는 사실혼(фактический брак)은 비난을 받았지만 오늘날 러시아인들 대부분은 동거나 사실혼을 비난할 수 없는 사적 자유의 영역인 개인적 선택이라 여깁니다. 결혼을 하든 안 하든, 혼인 신고를 하든 안 하든, 아이를 낳든 안 낳든 개개인의 삶은 개인 자신이 결정할 일이지, 사회나 타인이 간섭할 일이 아니라고 여깁니다.

최근 어느 설문 조사의 자료를 보면 결혼의 이유가 사랑에 의한 것이 45%, 직업과 취미, 친구 등 공통 관심사의 유사성이 25%, 계산에 의한 정략적 결혼이 30%라고 합니다(1990년대에 5%이었던 정략 결혼 비율이 크게 증가하였고 러시아의 이혼율은 50%를 상회합니다).

요즘은 결혼 연령대도 늦어지고 있는 추세인데 1990년대에는 25세가량의 여자들은 이미 결혼해서 아이를 낳은 경우가 대부분이었다면 오늘날 처음 결혼하는 신랑 신부의 평균 연령은 30세가량입니다.

제 6 과

ГДЕ СТОЯТ, ЛЕЖАТ, ВИСЯТ ЭТИ ВЕЩИ?

물건들이 어디에 세워져 있고, 뉘어 있고, 걸려 있습니까?

핵심 표현

- Стол стоит между шкафом и диваном.
  책상이 장롱과 소파 사이에 (서)있습니다.
- Ковёр лежит посреди комнаты.
  카펫이 방 가운데 놓여 있습니다.
- Картина висит над кроватью.
  그림이 침대 위에 걸려 있습니다.

공간과 물건의 배치에 관하여 설명하는 표현법을 배우겠습니다. 공간의 다양한 위치에 각각의 물건이 서로 다른 모습으로 자리를 자치하고 있음을 인지하고 그에 따른 적절한 표현 방식을 알아봅시다.

가구, 가전제품, 사무기기 명칭

우리는 종종 다양한 물건의 위치와 공간에 대해서 말할 때가 있습니다. 이때 필요한 표현을 배워 보겠습니다. 먼저 집(ДОМ), 아파트(КВАРТИРА), 방(КОМНАТА) 등 공간과 이 공간에 놓이는 사물 어휘를 알아봅시다.

가구(Мебель)

침대	кровать	장(책장, 옷장)	шкаф (книжный шкаф, платяной шкаф)
소파	диван	탁장(TV 장, 침대 장)	тумба, тумбочка
안락의자	кресло	옷걸이	вешалка
의자	стул	낮고 푹신한 방석 의자	пуф (пуфик)
상(책상, 컴퓨터 책상, 식탁, 싱크대, 탁상)	стол (письменный стол, компьютерный стол, обеденный стол, кухонный стол, журнальный столик)		

가전제품(Бытовая техника)

냉장고	холодильник	전자레인지	микроволновая печь
청소기	пылесос	전기밥통	рисоварка
세탁기	стиральная машина	다기능 포트(밥솥)	мультиварка
식기세척기	посудомоечная машина	커피 기계(여과기)	кофеварка

스토브(난로)[Плита (печь)]

가스레인지	газовая плита	전기레인지	электрическая плита (электроплита)

사무기기(Офисная техника)

컴퓨터	компьютер
프린터	принтер
스캐너	сканер
복사기	ксерокс

일상 용품(Предметы быта)

카펫	ковёр
커튼	шторы
블라인드	жалюзи

조명 기기(Осветительные приборы)

전구 등	лампа	책상 등	настольная лампа
촛대	бра	천장 등(샹들리에)	люстра
플로어(마루용) 램프	торшер		

시계(Часы)

벽시계	настенные часы
손목시계	наручные часы
옥외용 야외시계	напольные часы
자명종	будильник

전화(Телефон)

전화기	телефон
핸드폰	мобильный, сотовый телефон
스마트폰	смартфон

물건이 공간에 위치하고 놓인 것을 묘사하기 위해서 러시아어에서는 불완료상의 **СТОЯТЬ, ЛЕЖАТЬ, ВИСЕТЬ** 상태 동사가 사용됩니다.

	СТОЯТЬ 세워져 있을 때	ЛЕЖАТЬ 눕혀 있을 때	ВИСЕТЬ 걸려 있을 때
현재	я стою ты стоишь он/она стоит они стоят	я лежу ты лежишь он/она лежит они лежат	я вишу ты висишь он/она висит они висят
과거	стоял, -а, -о, -и	лежал, -а, -о, -и	висел, -а, -о, -и
미래	я буду стоять	я буду лежать	я буду висеть

주의하세요!

СТОЯТЬ, ЛЕЖАТЬ, ВИСЕТЬ 동사는 자동사이고 목적어가 필요하지 않습니다. 세 동사의 주어로 생명이 있는 활성 명사와 생명이 없는 불활성 명사도 모두 올 수 있습니다.

❶ 활성 명사 주어의 예

- **Дети стоят около окна.** 아이들이 창문 주위에 서 있다.
- **Дедушка лежит на диване.** 할아버지가 소파에 누워 있다.
- **Спортсмен висит на турнике.** 운동 선수가 철봉에 매달려 있다.

어휘 турник 철봉

❷ 불활성 명사 주어의 예

- **Стол стоит около окна.** 책상이 창문 가까이 있다.
- **Книга лежит на столе.** 책이 책상 위에 놓여 있다.
- **Картина висит на стене.** 그림이 벽에 걸려 있다.

СТОЯТЬ, ЛЕЖАТЬ, ВИСЕТЬ 동사의 주어로 생명이 없는 불활성 명사가 오는 예를 도표에서 더 구체적으로 알아봅시다.

СТОЯТЬ	ЛЕЖАТЬ	ВИСЕТЬ
1. 가구 2. 가전제품, 사무용품 3. 신발 4. 식기(숟가락, 포크, 칼, 젓가락 등의 뉘어 있는 것을 제외한 식기) 5. 수직으로 세워져 있는 모든 것	1. 손가방, 서류가방, 여행가방 등 가방에 들어 있는 것 2. 주머니에 들어 있는 것 3. 접시 위 또는 안에 놓여 있는 것 4. 숟가락, 포크, 칼, 젓가락 5. 수평으로 놓여 있는 모든 것	다음과 같은 곳에 걸려 있는 모든 것 1. 벽 2. 천장 3. 옷걸이 4. 의자 등받이 5. 옷장 6. 창문

동일한 불활성 명사를 주어로 위 세 동사를 각각 사용할 수 있습니다. 이때 동사의 선택은 물건이 어디에, 어떤 상태로 위치하고 있는가에 따라 이루어집니다. 몇 가지 예를 알아보겠습니다.

1 가방이 수직으로 세워져 있다면 СТОЯТЬ, 수평으로 놓여 있다면 ЛЕЖАТЬ, 어딘가에 걸려 있다면 ВИСЕТЬ 동사를 써야 합니다.

- **Сумка стоит на стуле.** 가방이 의자 위에 세워져 있다.
- **Сумка лежит на диване.** 가방이 소파 위에 뉘어 있다.
- **Сумка висит на вешалке.** 가방이 옷걸이(걸쇠)에 걸려 있다.

2 꽃이 꽃병에 놓여 수직으로 세워져 있다면 СТОЯТЬ, 물체의 표면 위에 수평으로 놓여 있다면 ЛЕЖАТЬ, 벽에 걸려 있다면 ВИСЕТЬ 동사를 써야 합니다.

- **Цветы стоят в вазе на столе.** 꽃들이 책상 위 꽃병 안에 꽂혀 있다.
- **Цветы лежат на столе.** 꽃들이 책상 위에 뉘어 있다.
- **Цветы висят на стене.** 꽃들이 벽에 걸려 있다.

3 책이 책장이나 선반에 수직으로 세워져 있다면 СТОЯТЬ, 가방 안에 있거나 책상 위에 수평으로 놓여 있다면 ЛЕЖАТЬ 동사를 써야 합니다.

- **Книги стоят в шкафу/на полке.** 책들이 책장 안에/선반 위에 세워져 있다.
- **Книги лежат на столе/в портфеле.** 책들이 책상 위에/가방 안에 놓여 있다.

주의하세요!

위 세 동사 사용 시, 주의해야 할 구체적 뉘앙스 차이와 몇 가지 사용 팁을 살펴봅시다.

❶ 액체 관련 물질은 보통 병이나 단지(항아리), 팩, 찻잔 등 세워져 있는 용기 안에 담겨 있기 때문에 СТОЯТЬ 동사를 씁니다.

- **Молоко стоит в холодильнике.** 우유가 냉장고 안에 있다.
- **Сок стоит на столе.** 주스가 책상 위에 있다.

❷ 식료품은 보통 ЛЕЖАТЬ 동사를 씁니다.

- **Рыба лежит в холодильнике.** 생선이 냉장고 안에 있다.

식료품이 용기에 놓여 있을 때 전치사 В 또는 НА와 결합하게 됩니다. 속이 깊은 냄비나 접시 등의 그릇 속에 식품이 위치할 때는 전치사 В, 속이 깊지 않은 평평한 그릇 위에 위치할 때는 전치사 НА를 씁니다.

- **Мясо лежит в кастрюле.** 고기가 냄비 안에 놓여(담겨) 있다.
- **Пельмени лежат в тарелке.** 만두가 접시 안에 놓여(담겨) 있다.
- **Мясо лежит на тарелке.** 고기가 접시 위에 놓여 있다.

❸ 채소와 과일도 보통 ЛЕЖАТЬ 동사를 씁니다. 이때도 상황에 따라 전치사 В 또는 НА와 결합하게 됩니다. 속이 깊은 단지나 항아리 안에 위치하게 되면 전치사 В를 쓰고, 수박이나 호박처럼 크기가 큰 과일은 용기 안에 담기지 못하므로 전치사 НА와 СТОЯТЬ 동사를 씁니다.

- **Овощи и фрукты лежат в холодильнике/на столе/в вазе.**
  채소와 과일이 냉장고 안에/책상 위에/항아리 안에 놓여 있다.
- **Арбуз стоит на столе.** 수박이 책상 위에 있다.

연습문제 1

다음 동사 중 알맞은 동사를 골라 문장을 완성해 보세요.

стоит – стоят   лежит – лежат   висит – висят

1. Диван ______________ около шкафа.
2. Книги ______________ на столе.
3. Ручка ______________ в портфеле.
4. Фотографии ______________ на стене.
5. Шкаф ______________ около двери.
6. Кровать ______________ напротив кресла.
7. Пальто ______________ в шкафу.
8. Холодильник ______________ слева от стола.
9. Шторы ______________ на окне.
10. Яблоки ______________ на столе.
11. Тарелка ______________ на столе.
12. Около тарелки ______________ вилка и ложка.
13. Ковёр ______________ на полу.
14. Сок ______________ в холодильнике.
15. Телевизор ______________ на тумбе.
16. Часы ______________ на стене.
17. Наручные часы ______________ на тумбочке.
18. Смартфон ______________ в кармане.
19. Люстра ______________ на потолке.
20. Туфли ______________ около двери.

어휘-문법 2

СТОЯТЬ, ЛЕЖАТЬ, ВИСЕТЬ + 다양한 전치사

앞서 배운 СТОЯТЬ, ЛЕЖАТЬ, ВИСЕТЬ 동사의 사용에는 В/НА 전치사와 전치격이 요구된다고 배웠습니다. 이외에도 ОКОЛО / У / НАПРОТИВ / НЕДАЛЕКО ОТ / СПРАВА ОТ / СЛЕВА ОТ / ПОСРЕДИ / ВОКРУГ 등의 전치사와 생격(소유격)이 사용됩니다. 또한 РЯДОМ С / ПЕРЕД / ЗА / ПОД / НАД / МЕЖДУ 등의 전치사와 조격(기구격)도 사용됩니다.
그럼 전치사와 전치격 사용 이외의 다른 사용법도 더욱 자세히 알아보겠습니다.

1 전치격을 요구하는 전치사와 예문(СТОЯТЬ, ЛЕЖАТЬ, ВИСЕТЬ):

주어가 물체의 표면 위나 속이 깊지 않은 용기 안에 위치할 때는 전치사 НА가 사용되고, 사물 안이나 속이 깊은 용기 안에 위치할 때는 전치사 В가 사용된다는 것을 배웠습니다. 이들 전치사 뒤의 명사는 전치격으로 씁니다.

- Сок стоит на столе/в холодильнике.
  주스가 책상 위에/냉장고 안에 (용기에 담겨 세워져) 있다.
- Книга лежит на полке/в сумке. 책이 선반 위에/가방 안에 놓여 있다.
- Рыба лежит на тарелке/в тарелке. 생선이 접시 위에/접시 안에 놓여 있다.
- Пальто висит на вешалке/в шкафу. 외투가 옷걸이에/옷장 안에 걸려 있다.

2 생격을 요구하는 전치사와 예문(СТОЯТЬ, ЛЕЖАТЬ, ВИСЕТЬ)

	예문
ОКОЛО/У	Стол стоит около/у шкафа. 책상이 장롱 가까이 (서) 있다. Ковёр лежит около/у дивана. 카펫이 소파 가까이 놓여 있다. Картина висит около/у окна. 그림이 창문 가까이 걸려 있다.
НАПРОТИВ	Диван стоит напротив двери. 소파가 문 맞은편(반대편)에 있다. Ковёр лежит напротив кровати. 카펫이 침대 맞은편에 놓여 있다. Календарь висит напротив окна. 달력이 창문 맞은편에 걸려 있다.
НЕДАЛЕКО ОТ	Кресло стоит недалеко от шкафа. 안락의자가 장롱으로부터 멀지 않은 곳에 있다. Очки лежат недалеко от книги. 안경이 책에서 멀지 않은 곳에 놓여 있다. Зонт висит недалеко от пальто. 우산이 외투로부터 멀지 않은 곳에 걸려 있다.
СПРАВА ОТ	Диван стоит справа/слева от стола. 소파가 의자 오른쪽에/왼쪽에 있다.

СЛЕВА ОТ	Ручка лежит справа/слева от тетради. 볼펜이 공책 오른쪽에/왼쪽에 놓여 있다. Часы висят справа/слева от двери. 시계가 문 오른쪽에/왼쪽에 걸려 있다.
ПОСРЕДИ	Стол стоит посреди аудитории. 책상이 강의실 가운데에 있다. Ковёр лежит посреди комнаты. 카펫이 방 가운데에 놓여 있다. Картина висит посреди стены. 그림이 벽 가운데에 걸려 있다.
ВОКРУГ	Стулья стоят вокруг стола. 의자들이 책상 주위에 있다.

3 조격을 요구하는 전치사와 예문(СТОЯТЬ, ЛЕЖАТЬ, ВИСЕТЬ)

	예문
РЯДОМ С	Стул стоит рядом с диваном. 의자가 소파 옆에 있다. Ручка лежит рядом с тетрадью. 볼펜이 공책 옆에 놓여 있다. Пальто висит рядом с костюмом. 외투가 양복(정장) 옆에 걸려 있다.
ЗА	Пылесос стоит за дверью. 진공청소기가 문 뒤에 세워져 있다.
ПЕРЕД	Стол стоит перед окном. 책상이 창문 앞에 있다. Ковёр лежит перед диваном. 카펫이 소파 앞에 놓여 있다.
НАД	Картина висит над диваном. 그림이 소파 위에 걸려 있다. Люстра висит над столом. 천장 등이 책상 위에 걸려 있다.
ПОД	Портфель стоит под столом. 가방이 책상 밑에 있다. Книги лежат под тетрадями. 책들이 공책들 밑에 놓여 있다.
МЕЖДУ	Диван стоит между шкафом и столом. 소파가 장롱과 책상 사이에 있다.

괄호 안 단어를 필요한 격에 맞게 써서 문장을 완성해 보세요. 전치사가 제시되지 않은 문제들은 알맞은 전치사를 추가하세요.

1. Диван стоит около ______________ (дверь).
2. Стол стоит между ______________ (диван и кресло).
3. Компьютер стоит ______________ (компьютерный стол).
4. Словарь лежит ______________ (сумка).
5. Шкаф стоит слева от ______________ (окно).
6. Картина висит над ______________ (кровать).
7. Собака лежит под ______________ (стул).
8. Напротив ______________ (окно) стоит шкаф.
9. ______________ (тарелка) лежат фрукты.
10. ______________ (холодильник) стоит молоко.
11. Цветы висят справа от ______________ (окно).
12. Цветы стоят ______________ (окно).
13. Часы стоят недалеко от ______________ (телевизор).
14. Тумбочка стоит рядом с ______________ (кровать).
15. Журнальный столик стоит перед ______________ (диван).

연습문제 3

문장을 완성해 보세요.

1. Дети стоят ______________________________.
2. Кот лежит ______________________________.
3. Бра висит ______________________________.
4. Будильник стоит ______________________________.
5. Рыба лежит ______________________________.
6. Календарь висит ______________________________.
7. ______________________________ на полке.
8. ______________________________ на стене.
9. ______________________________ справа от тетради.
10. ______________________________ на вешалке.
11. ______________________________ в кошельке.
12. ______________________________ напротив кровати.

어휘 бра 촛대 кошелёк 지갑

그림을 보고 보기와 같이 물건들이 어디에 세워져 있고, 뉘어 있고, 걸려 있는지 서로 서로에게 묻고 답해 보세요.

보기

Студент 1: Где стоит кровать?

Студент 2: Кровать стоит около окна/у окна/рядом с окном.

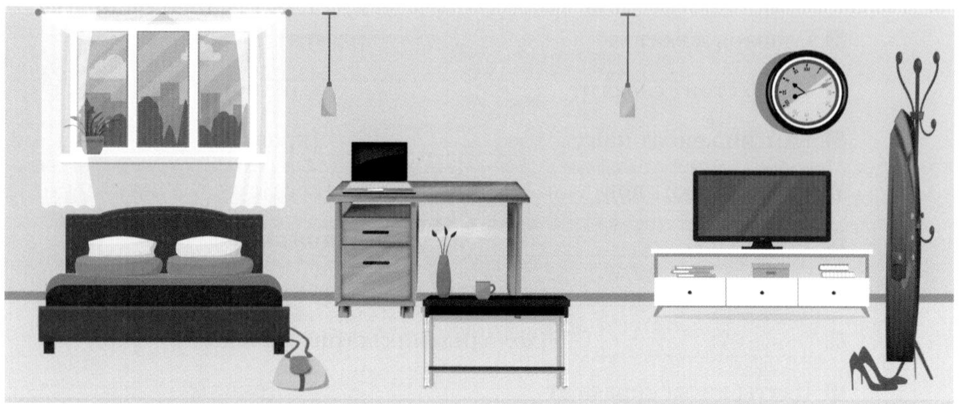

그림을 보고 이곳이 당신의 방이라 가정하여 가구들이 어디에 어떻게 있는지 말해 보세요.

강독 1

Track 06-1

자, 방을 묘사해 보도록 하겠습니다. 묘사는 보통 창문이나 방문으로부터 시계 방향으로 합니다. 창문으로부터 시작해 보겠습니다. 어떤 가구가 어느 장소에 있다고 간단하게 이야기하지 말고 대상(물건)에 대한 당신의 관계(감정)가 잘 표현되도록 노력해 보세요.

Моя комната небольшая, но очень уютная. Слева от окна стоит вешалка, а справа стоит письменный стол. Около стола стоит стул. На столе стоит настольная лампа, лежит тетрадь по русскому языку, потому что сейчас я делаю домашнее задание. Рядом со столом стоит книжный шкаф. Я люблю читать, поэтому у меня много книг. Справа от шкафа стоит диван, на котором я сплю. Над диваном висит картина. Эту картину мне подарили друзья на день рождения. Между шкафом и диваном стоит торшер. Перед диваном стоит маленький столик, на нём стоит ваза с цветами. Слева от столика стоит мягкий пуфик, на котором любит спать моя кошка.

내 방은 크지 않지만 아주 아늑하다. 창문 왼쪽에 옷걸이가 세워져 있고 오른쪽에 책상이 있다. 책상 가까이 의자가 있다. 책상 위에는 책상 등(스탠드 등)이 있고 지금 내가 숙제를 하기 때문에 러시아어 공책이 놓여 있다. 책상 옆에 책장이 있다. 나는 독서를 좋아해서 책이 많다. 책장 오른쪽에 내가 자는 소파*가 있다. 소파 위에는 그림이 걸려 있다. 내 생일 때 친구들이 이 그림을 나에게 선물했다. 책장과 소파 사이에 마루용(플로어) 램프가 있다. 소파 앞에는 작은 탁상(테이블)이 있고, 상 위에는 꽃이 든 꽃병이 있다. 탁상 왼쪽에 부드럽고 푹신한 방석 의자가 있는데 내 고양이는 그 위에서 잠자기를 좋아한다.

* 러시아의 소파는 대부분 미닫이 형태로서 침대 겸용으로 나옵니다. 낮에는 소파로 사용하다 잘 때는 펼쳐서 침대로 씁니다.

어휘 **уютный** 아늑한, 쾌적한 **торшер** 플로어 램프 **ваза с цветами** 꽃병 **пуфик** 방석 의자

강독 2

Track 06-2

[강독 1] 본문을 읽었을 때 문장이 매끄럽지 못하다고 느꼈을 겁니다. 왜냐하면 문장마다 СТОИТ 동사를 사용했기 때문입니다. 모든 가구가 서 있기 때문에 다른 동사를 쓰지 못하고 СТОЯТЬ 동사를 사용했습니다. 러시아어에서 같은 단어를 자주 반복하여 사용하는 것은 듣기에 거슬립니다. 어떻게 하면 좋을까요? СТОЯТЬ 동사를 너무 자주 사용하면 안 됩니다. 앞 문장에서 동사를 한 번 사용한 후 다음 문장에서는 생략하면 됩니다. 생략은 글로 쓸 때는 동사 대신에 – 기호로, 말로 할 때는 잠깐 사이를 두고 쉬었다 말하면 듣는 것이 매끄럽게 됩니다.

Моя комната небольшая, но уютная. Слева от окна стоит вешалка, а справа – письменный стол. Около стола – стул. На столе стоит настольная лампа, лежит тетрадь по русскому языку, потому что сейчас я делаю домашнее задание. Рядом со столом – книжный шкаф. Я люблю читать, поэтому у меня много книг. Справа от шкафа стоит диван, на котором я сплю. Над диваном висит картина. Эту картину мне подарили друзья на день рождения. Между шкафом и диваном – торшер. Перед диваном стоит маленький столик, на нём – ваза с цветами. Слева от столика – мягкий пуфик, на котором любит спать моя кошка.

연습문제 6 강독의 본문 내용을 참고하여 실제 자신의 방을 묘사해 보세요.

러시아 문화 알아보기

전형적인 러시아 아파트

Типичная российская квартира

러시아 국민 대부분은 도시의 아파트에서 삽니다. 시골에 거주하는 사람들은 자신만의 개인 주택에서 사는데 시골 주택은 대부분 크지 않은 단층집이지만 경제력이 있는 주인은 2~3층의 큰 집을 소유하기도 합니다. 크든 작든 시골집에는 텃밭이 있어서 채소, 과일, 꽃 등을 직접 기릅니다. 오늘날 경제적 여유가 있는 도시인들은 도시의 아파트 이외에도 도시 근교에 큰 저택(коттедж)이나 별장(дача)을 소유하고 싶어 합니다.

도시의 아파트는 크든 작든 간에 전형적으로 구조가 비슷합니다. 일반적으로 고층 아파트는 방 1개짜리, 방 2개짜리, 방 3개짜리이지만 간혹 방이 4개 또는 그 이상의 고급 아파트가 있습니다. 모든 아파트는 방 이외에 별도로 부엌이 있습니다. 화장실과 욕실은 같은 공간을 사용하거나 별도로 구분되어 배치됩니다. 아이들이 있는 가정의 방 3개짜리 아파트의 구조는 가장 큰 방인 거실과 부모 침실, 아이 방으로 되어 있습니다. 거실에는 편리한 소파(소파는 대부분 접이식으로 침대로도 사용될 수 있고, 거실은 우리처럼 개방형 공간이 아니어서 필요 시 침실로도 사용)와 안락의자, TV 장, 주인의 취향에 따른 가구들이 놓이고 침실에는 침대와 침대 장, 옷장이 놓입니다. 아이 방에는 아이 침대, 책상, 옷장이나 책장이 놓입니다.

집에서 부엌은 독립된 특별한 공간입니다. 부엌은 음식을 준비하고 밥을 먹는 공간일 뿐 아니라 차를 마시거나 담소를 나누면서 가족들이 함께 많은 시간을 보내는 장소입니다. 때로는 친구나 친척 등 가까운 사람들과 손님을 맞는 장소이기도 합니다. 그래서 여주인은 이 공간을 가장 아늑하게 만들고자 합니다. 좋은 부엌 장을 놓고 멋진 그림을 벽에 걸고 창문에는 예쁜 커튼을 답니다.

학자나 창작 직업인의 아파트에는 방 하나를 서재나 작업실 용도의 다기능으로 꾸미고 큰 책장이 배치되기도 합니다.

제7과

КУДА ПОСТАВИТЬ МЕБЕЛЬ?

가구를 어디에 놓을까요?

핵심 표현

- Отец поставил стол между шкафом и диваном.
  아버지는 장롱과 소파 사이에 책상을 (세워) 놓았다.
- Мы положили ковёр посреди комнаты.
  우리는 방 가운데에 카펫을 (뉘어) 놓았다.
- Сестра повесила картину над кроватью.
  누이는 침대 위에 그림을 걸었다.

공간과 물건 배치에 관련된 동사들을 계속하여 배웁니다. 여러분은 지난 과에서 어떤 물건들이 어디에 어떤 상태로 놓여 있는지를 (상태에 관한 내용을) 중점적으로 연습했습니다. 이번 과에서는 물건들을 어떻게 놓는지에 관한 (행위에 관한 동작 동사의) 내용을 알아보겠습니다.

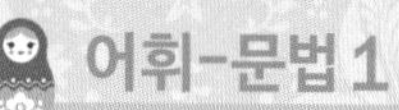

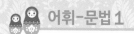

어휘-문법 1

СТАВИТЬ – ПОСТАВИТЬ
КЛАСТЬ – ПОЛОЖИТЬ
ВЕШАТЬ – ПОВЕСИТЬ

- СТАВИТЬ – ПОСТАВИТЬ(세워 놓다),
  КЛАСТЬ – ПОЛОЖИТЬ(눕혀 놓다),
  ВЕШАТЬ – ПОВЕСИТЬ(걸다)의 동작 동사군을 익혀 봅시다.
  СТОЯТЬ, ЛЕЖАТЬ, ВИСЕТЬ 동사군은 자동사이고 그들의 주어는 활성 명사와 불활성 명사가 모두 가능하다고 앞에서 배웠습니다.

- 주어가 활성 명사인 경우
  - Дети стоят около окна. 아이들이 창문 가까이 서 있다.
  - Дедушка лежит на диване. 할아버지가 소파에 누워 있다.
  - Спортсмен висит на турнике. 운동 선수가 철봉에 매달려 있다.

- 주어가 불활성 명사인 경우
  - Стол стоит около окна. 책상이 창문 가까이 있다.
  - Книга лежит на столе. 책이 책상 위에 놓여 있다.
  - Картина висит на стене. 그림이 벽에 걸려 있다.

- СТАВИТЬ – ПОСТАВИТЬ, КЛАСТЬ – ПОЛОЖИТЬ, ВЕШАТЬ – ПОВЕСИТЬ 동사군은 СТОЯТЬ, ЛЕЖАТЬ, ВИСЕТЬ 동사군과 다음과 같은 점에서 차이가 납니다.
  СТАВИТЬ – ПОСТАВИТЬ, КЛАСТЬ – ПОЛОЖИТЬ, ВЕШАТЬ – ПОВЕСИТЬ 동사군은 타동사이고 주어는 활성 명사만 가능합니다.
  그리고 이 동사군은 타동사이므로 대상, 객체를 대격 형태의 목적어로 요구합니다. 이때 목적어로 오는 대상, 객체는 불활성 명사와 활성 명사 둘 다 가능합니다.
  - Женя поставил стол около окна. 제냐는 책상을 창문 가까이에 (세워) 놓았다.
  - Мама поставила маленького сына на пол. 엄마는 어린 아들을 바닥 위에 세워 놓았다.

  - Соня положила книгу на стол. 소냐는 책을 책상 위에 (뉘어) 놓았다.
  - Вера положила собаку на ковёр. 베라는 개를 카펫 위에 눕혀 놓았다.

  - Отец повесил картину над диваном. 아버지는 그림을 소파 위에 걸었다.

※ ВЕШАТЬ – ПОВЕСИТЬ 동사의 경우, '걸다'라는 동사의 의미상 이유 때문에 활성 명사가 목적어로 오는 경우는 드뭅니다. (사람을 거는 행위는 '교수형에 처하다'라는 의미입니다.)

그럼 이 동사의 구체적 형태와 어미 변화를 알아보겠습니다.

	СТАВИТЬ	ПОСТАВИТЬ (что?) (куда?) 세워 놓다
현재형	я ставлю ты ставишь они ставят	
과거형	ставил, -а, -и	поставил, -а, -и
미래형	я буду ставить	я поставлю ты поставишь они поставят
명령형	Ставь(те)!	Поставь(те)!

	КЛАСТЬ	ПОЛОЖИТЬ (что?) (куда?) 눕혀 놓다
현재형	я кладу ты кладёшь они кладут	
과거형	клал, -а, -и	положил, -а, и
미래형	я буду класть	я положу ты положишь они положат
명령형	Клади(те)!	Положи(те)!

	ВЕШАТЬ	ПОВЕСИТЬ (что?) (куда?) 걸다
현재형	я вешаю ты вешаешь они вешают	
과거형	вешал, -а, -и	повесил, -а, -и
미래형	я буду вешать	я повешу ты повесишь они повесят
명령형	Вешай(те)!	Повесь(те)!

이 동사들은 다음과 같은 문법 구조에서 사용됩니다.

전치사와 대격	В/НА; ЗА, ПОД
전치사와 생격	ОКОЛО / У / НАПРОТИВ / НЕДАЛЕКО ОТ / СПРАВА ОТ / СЛЕВА ОТ / ПОСРЕДИ / ВОКРУГ
전치사와 조격	РЯДОМ С / ПЕРЕД / НАД / МЕЖДУ

사용 예문을 구체적으로 살펴보겠습니다.

1 전치사와 대격

	예문
В / НА	Олег поставил книгу на полку. 올레그는 책을 선반 위에 세워 놓았다. Дима положил смартфон в карман. 지마는 스마트폰을 주머니 안에 (눕혀) 넣었다. Маша повесила часы на стену. 마샤는 시계를 벽에 걸었다.
ЗА	Мила, поставь, пожалуйста, пылесос за шкаф. 밀라, 진공청소기를 장롱 뒤로(에) 세워 놓아 줘.
ПОД	Вася поставил обувь под вешалку. 바샤는 신발을 옷걸이 밑으로(에) 놓았다. Дети положили игрушки под стол. 아이들은 장난감들을 책상 밑으로(에) (눕혀) 놓았다.

2 전치사와 생격

	예문
ОКОЛО/ У	Отец поставил стол около/у шкафа. 아버지는 책상을 장롱 가까이에 (세워) 놓았다. Ира положила ручку и карандаш около тетради. 이라는 볼펜과 연필을 공책 가까이에 (눕혀) 놓았다. Мы повесили календарь около окна. 우리는 달력을 창문 가까이에 걸었다.

НАПРОТИВ	Коля поставил кресло напротив телевизора. 꼴랴는 안락의자를 텔레비전 맞은편에 놓았다. Катя положила ковёр напротив двери. 까쨔는 카펫을 문 맞은편에 눕혀 놓았다. Мы повесили фотографию семьи напротив окна. 우리는 가족 사진을 창문 맞은편에 걸었다.
НЕДАЛЕКО ОТ	Я поставил телевизор недалеко от стола. 나는 텔레비전을 책상에서 멀지 않은 곳에 놓았다. Таня, положи ковёр недалеко от дивана. 따냐, 카펫을 소파에서 멀지 않은 곳에 놓아 줘. Повесь эти цветы недалеко от картины. 이 꽃들을 그림에서 멀지 않은 곳에 걸어라.
СПРАВА ОТ СЛЕВА ОТ	Я советую тебе поставить шкаф справа/слева от стола. 나는 너에게 장롱을 책상 오른쪽에/왼쪽에 놓도록 조언할게. Нина положила вилку слева от тарелки, а нож – справа от тарелки. 니나는 포크를 접시 왼쪽에 놓고 칼은 접시 오른쪽에 놓았다. Надо повесить часы справа/слева от окна. 시계를 창문 오른쪽에/왼쪽에 걸어야 한다.
ПОСРЕДИ	Давайте поставим стол посреди аудитории. 책상을 강의실 가운데에 놓자. Мы положили ковёр посреди комнаты. 우리는 카펫을 방 가운데에 놓았다. Саша, повесь, пожалуйста эту картину посреди стены. 싸샤, 이 그림을 벽 가운데에 걸어 줘.
ВОКРУГ	Дети, поставьте стулья вокруг стола. 얘들아, 의자들을 책상 주위에 놓아라.

3 전치사와 조격

	예문
РЯДОМ С	Тебе надо поставить журнальный столик рядом с диваном. 너는 탁상을 소파 옆에 놓아야 한다. Дети, положите ручки рядом с тетрадями. 얘들아, 볼펜을 공책 옆에 놓아라. Мама повесила бра рядом с креслом. 엄마는 촛대를 안락의자 옆에 걸었다.
ПЕРЕД	Поставьте стол перед окном. 책상을 창문 앞에 놓으세요. Я положила ковёр перед диваном. 나는 카펫을 소파 앞에 놓았다.
НАД	Давай повесим эту картину над диваном. 이 그림을 소파 위에 걸자.
МЕЖДУ	Я советую тебе поставить диван между шкафом и столом. 나는 너에게 소파를 장롱과 책상 사이에 놓도록 조언할게. Соня повесила цветы между картиной и фотографией. 소냐는 꽃들을 그림과 사진 사이에 걸었다.

주의하세요!

стоять ЗА + 조격
ПОД + 조격 (어디에 놓인 상태를 말함)

- Сумка стоит за дверью. 가방이 문 뒤에 (세워져) 놓여 있다.
- Обувь стоит под столом. 신발이 책상 밑에 놓여 있다.

ставить – поставить ЗА + 대격
ПОД + 대격 (어디로 놓는 방향, 동작을 말함)

- Я поставила сумку за дверь. 나는 가방을 문 뒤로 (세워) 놓았다.
- Я поставила сумку под стол. 나는 가방을 책상 밑으로 (세워) 놓았다.

연습문제 1

СТАВИТЬ – ПОСТАВИТЬ 동사의 알맞은 형태를 골라 쓰고 문장을 완성해 보세요. 전치사가 필요한 경우에는 전치사를 추가하세요.

1. Света всегда ________________ посуду ________________. (шкаф)
2. Лена купила молоко и ________________ его ________________. (холодильник)
3. Мама хочет ________________ цветы ________________. (около, часы)
4. Тебе надо ________________ кресло ________________. (напротив, телевизор)
5. Не надо ________________ диван ________________. (перед, компьютер)
6. Обычно я ________________ портфель ________________. (под, стол)

연습문제 2

СТОЯТЬ, СТАВИТЬ – ПОСТАВИТЬ 동사 중에서 알맞은 동사를 골라 쓰세요.

1. Бабушка ________________ сок в холодильник.
2. Я всегда ________________ часы на тумбочку, (которая стоит) около кровати.
3. Этот стул всегда ________________ рядом с диваном
4. Вам надо ________________ холодильник справа от двери.
5. Не надо ________________ цветы на окно.
6. Дети ________________ около учителя и внимательно слушают его.
7. ________________, пожалуйста, чашки на стол.
8. Не ________________ грязную сумку на стол.

어휘 грязный 더러운

회화

Track 07

А: Здравствуйте! Служба доставки магазина «Уютный дом», мы привезли (доставили) вам мебель.

Б: Да-да, я жду вас.

А: Вот ваша мебель: диван, компьютерный стол, шкаф и тумба. Куда что поставить?

Б: Поставьте, пожалуйста, компьютерный стол справа от окна. А шкаф – рядом со столом.

А: А куда поставить диван?

Б: Вот сюда, в угол. А перед ним – журнальный столик.

А: А куда (поставить) тумбу?

Б: Поставьте напротив дивана. Так, всё хорошо. Большое спасибо.

А: 안녕하세요! '아늑한 집' 상점의 배달 서비스입니다, 가구를 가져왔습니다.

Б: 예, 예, 기다리고 있었습니다.

А: 여기 귀하의 가구입니다: 소파, 컴퓨터 책상, 장롱과 탁장. 무엇을 어디로 놓을까요?

Б: 컴퓨터 책상을 창문 오른쪽에 놓아 주세요. 장롱은 책상 옆에 놓아 주세요.

А: 소파는 어디로 놓을까요?

Б: 바로 여기로, 구석으로요. 그 앞에는 탁상을 놓아 주세요.

А: 탁장은 어디로 놓을까요?

Б: 소파 맞은편에 놓아 주세요. 이렇게, 모든 게 좋습니다. 대단히 고맙습니다.

어휘와 표현

- **служба** 서비스
- **доставка** 배달

  доставлять – доставить + что?(대격), **кому?** (여격) 배달하다, 제공하다

  | Мы доставили вам мебель. 우리는 당신에게 가구를 배달했습니다.

- **привозить – привезти** 운반하다(교통수단을 이용, 차로 운반)

  приносить – принести 운반하다(걸어서, 손으로 들고 운반)

	привозить – привезти		приносить – принести	
현재형	привожу привозишь привозят		приношу приносишь приносят	
과거형	привозил, -а, -и	привёз, привезла, -и	приносил, -а, -и	принёс, принесла, -и
미래형	буду привозить	привезу привезёшь привезут	буду приносить	принесу принесёшь принесут
명령형	Привози(те)!	Привези(те)!	Приноси(те)!	Принеси(те)!

1) что?(대격), кому?(여격)

- Папа приехал из Москвы, он привёз подарки детям.
  아빠는 모스크바에서 (교통수단을 타고) 왔는데 아이들에게 선물을 가져왔다.
- Папа пришёл из магазина, он принёс подарки детям.
  아빠는 가게에서 (걸어서) 왔는데 아이들에게 선물을 가져왔다.

2) что?(대격), куда? (в, на + 대격)

- Эта машина привезла овощи на рынок. 이 자동차가 채소를 시장으로 (차로) 가져왔다.
- Студенты принесли на урок словари. 학생들이 수업에 사전을 (걸어서) 가져왔다.

3) что?(대격), откуда? (из, с + 생격)

- Студенты привезли из Москвы русские сувениры.
  학생들이 모스크바로부터 러시아 기념품들을 가져왔다.
- Мама принесла с рынка овощи и фрукты. 엄마가 시장으로부터 채소와 과일을 들고 왔다.

다음 동사 중 알맞는 동사와 형태를 골라 문장을 완성해 보세요.

приносить – принести / привозить – привезти

1. - Какие красивые сувениры! Маша, откуда они у тебя?
   - Друг ________________ их из Австралии и подарил мне. Он всегда ________________ сувениры из разных стран.
2. Вчера сестра вернулась с острова Чеджу, она ________________ мандарины.
3. Ко мне пришла Наташа, она ____________ вкусный торт. Сейчас мы пьём чай.
4. Бабушка: «Вера, ________________ мне, пожалуйста, очки, они лежат на столе в гостиной».
5. Сергей ________________ на урок интересный журнал, сейчас мы смотрим этот журнал. Он часто ________________ интересные журналы и книги на русском языке.
6. Завтра ты поедешь в Китай? ______________ мне, пожалуйста, китайский чай.

어휘 сувенир 기념품 Австралия 호주 мандарин 귤 гостиная 거실

ПРИНЕСТИ / ПРИВЕЗТИ

- 실수하기 쉬운 다음과 같은 문법상 오류를 확인해 봅시다.

1) Папа приехал из Москвы, он принёс подарки детям. *

위 문장이 틀린 이유는, 아빠가 차를 타고 오는 **приехать** 동사와 아이들에게 줄 선물을 걸어서 들고 온 **принести** 동사가 한 문장 안에 들어가는 것이 모순이기 때문입니다. 맞는 문장으로 고치려면 아빠의 움직임을 나타내는 **приехать** 동사를 걸어서 오는 동사 **прийти**로 고치든지, 아니면 선물을 걸어서 운반한 **принести** 동사를 차로 운반한 **привезти** 동사로 고치면 됩니다.

- Папа пришёл домой и принёс подарки детям. (맞는 문장)

2) Папа пришёл из Москвы и принёс подарки детям. *

위 문장이 틀린 이유는 동사를 '걷는 것'에 일치시킨 것은 맞지만, 다른 도시에서 오는 경우 대개는 차를 타거나 교통수단을 이용하여 오는 것이고, 걸어오는 경우는 드물기 때문입니다. 이 문장을 맞게 하려면 모스크바 도시 부분을 빼고 다르게 변형시키면 됩니다. 예를 들어 다음과 같이 표현하면 됩니다.

- Папа приехал из Москвы, он привёз подарки детям. (맞는 문장)

- 여기, 저기라는 뜻을 지닌 러시아어 부사를 알아봅시다. **здесь**(여기에) – **там**(저기에) 부사는 어디에(**где?**)라는 의문사에 대한 대답으로 사용되고, 어디로?(**куда?**)라는 의문사에 대한 대답으로는 **сюда**(여기로) – **туда**(저기로) 부사가 사용됩니다.

1) здесь – там (вопрос: где?)

- Здесь стоит стол, а там – стул. 여기에 책상이 있고 저기에 의자가 있다.
- Там висит календарь. 저기에 달력이 걸려 있다.

2) сюда – туда (вопрос: куда?)

- Поставь цветы сюда. 여기로(에) 꽃을 놓아라.
- Не ставь туда свою сумку. 저기로(에) 가방을 놓지 마.

보기와 같이 문장을 완성해 보세요.

보기

цветы – журнальный столик

- Куда поставить цветы?

- а) Поставь их(цветы) на журнальный столик.

 б) Я советую тебе поставить их(цветы) на журнальный столик.

1. книга – книжный шкаф

 - __________

 - а) __________

 б) __________

2. будильник – тумбочка

 - __________

 - а) __________

 б) __________

3. торшер – около, диван

 - __________

 - а) __________

 б) __________

4. стул – угол

 - __________

 - а) __________

 б) __________

5. пылесос – за, дверь

 - __________

 - а) __________

 б) __________

6. настольная лампа – справа от, часы

 - __________

 - а) __________

 б) __________

КЛАСТЬ – ПОЛОЖИТЬ 동사의 알맞은 형태를 골라 쓰세요.

1. Я всегда ________ ручку ________ (карман).
2. Папа ________ ключи ________ (около, книга).
3. Обычно бабушка ________ фрукты ________ (рядом с, овощи).
4. Кто ________ сюда тетрадь?
5. Почему Соня никогда не ________ свои вещи на место?

어휘 ключи 열쇠

연습문제 6

ЛЕЖАТЬ, КЛАСТЬ – ПОЛОЖИТЬ 동사 중에서 알맞은 동사를 골라 쓰세요.

1. Маша всегда ________ сотовый телефон ________.
2. Куда ты ________ ключ? Я не могу его найти.
3. Вот ключ ________ на ________.
4. Кто ________ цветы на ________? Надо поставить их в вазу.
5. Обычно бабушка ________ продукты в ________.
6. ________, пожалуйста, вилки слева от ________, а ножи – справа.
7. Никогда не ________ сюда грязные салфетки.
8. Чья ручка ________ рядом с ________?
9. Какая большая сумка! Что ________ там?
10. Какая большая сумка! Что ты ________ туда?

어휘 салфетка 냅킨

ВИСЕТЬ, ВЕШАТЬ – ПОВЕСИТЬ 동사 중에서 알맞은 동사를 골라 쓰세요.

1. Папа ________________ пальто на ________________.
2. Чей костюм ________________ в ________________?
3. ________________, пожалуйста, зонт на ________________.
4. Дети всегда ________________ школьную форму в ________________.
5. Куда надо ________________ календарь?
6. Эта фотография всегда ________________ здесь.
7. Я хочу ________________ фотографию родителей над ________________.
8. Не ________________ цветы на ________________! Эти цветы не любят солнце.

어휘 школьная форма 교복

연습문제 8

다음 주어진 문장과 관련하여 그 뒷이야기를 이어 쓰세요.

1. Вчера Света купила новый холодильник.
2. ____
3. ____
4. ____

연습문제 9

주어진 문장을 읽고 대화를 이어 쓰세요.

1. - Привет, Сергей! Давно не виделись! Как живёшь? Чем занимаешься?
   - ____
2. - Ты хочешь работать в фирме «Электроника»? А чем она занимается?
   - ____
3. - Твоя сестра скоро окончит школу? Что она будет делать потом: учиться в университете или работать?
   - ____
4. - Ты не знаешь, где мой русско-корейский словарь? Я не могу его найти!
   - ____

러시아 문화 알아보기

전통적 러시아 농가 주택

Традиционный русский крестьянский дом

고대 러시아의 건축물은 주로 나무로 지어졌습니다. 러시아 사람들은 나무가 인체 건강에 좋고 사람에게 좋은 영향을 끼친다고 믿었습니다. 당대의 집들은 소나무나 전나무로 지어져서 집에 들어서면 상쾌한 수지 향이 났습니다.

러시아 주택에서 중요한 장소가 난로(печь, печка)가 있는 곳인데 농가에서는 난로를 귀하게 여기고 난로를 '엄마(матушка)', '생명줄(кормилица)'이라고 친근하게 불렀습니다. 난로에서 음식을 끓이고 빵을 구워 내기도 했습니다. 현대 아파트에서 전열기나 가스레인지가 러시아 난로를 대신하고 있지만 아직도 많은 시골 할머니들은 여전히 난로를 애용하고 음식을 만들어 냅니다.

난로는 음식으로 먹여 살릴 뿐만 아니라 강추위에도 집안을 따뜻하게 만들어 줍니다. 난로 위는 집안에서 제일 따뜻한 곳이기에 아이들과 노인들의 공간입니다.

농가의 가구는 아주 단조롭습니다. 보통 집주인이 직접 나무로 만듭니다; 길고 큰 식탁, 식탁 옆에는 개별 의자 대신에 등받이 없는 긴 통의자, 장롱 대신에 큰 나무 궤짝(나무 상자 안에는 옷과 귀중품을 보관하며 상자 숫자가 많을수록 부자라고 여김).

농가의 중요 구석을 '붉은 구석(красный угол)'이라고 부르는데 고대 러시아어에서 '붉은'이란 형용사는 'красивый(예쁜)'이라는 의미를 띱니다. 붉은 광장(Красная площадь)도 마찬가지로 이념적 색깔을 걷어내면 아름다운 광장이죠. 붉은 구석에는 이콘(икона, 성상화)이 걸리고 식탁보가 쳐진 식탁이 놓이고 식탁 위에는 항상 둥근 빵(каравай)과 소금 통이 놓여 있는데 이때 빵과 소금은 행복과 풍요를 상징합니다.

식사 시간에 식탁에 앉는 것도 규칙이 있습니다. 식탁 머리의 상석에 아버지가 앉고 그의 오른쪽에 아들들이, 왼쪽에 딸들이 앉습니다. 어머니는 거의 같이 앉지 않고 난로 주위를 왔다 갔다 하며 식탁으로 음식을 나릅니다. 가족이 다 같이 앉으면 신께 감사를 드리고 아버지가 "자, 먹자(С Богом, начали)"라고 말하면 식사를 시작합니다. 식사 시간에는 말하거나 웃거나 돌아다니지 않으며 식탁을 두드려서도 안 됩니다.

제 8 과

МНЕ НУЖЕН ТВОЙ СОВЕТ.

너의 조언이 필요해.

핵심 표현

- Поставь шкаф справа от двери.
  장롱을 문 오른쪽에 놓아라.
- Я советую тебе положить ковёр посреди комнаты.
  나는 너에게 카펫을 방 가운데에 놓으라고 조언한다.
- Тебе надо повесить эту картину над столом.
  너는 이 그림을 책상 위에 걸어야 한다.

우리는 일상 생활 중 가족과 친구들과 소통하면서 조언을 하거나 듣는 경우가 많습니다. 인생 공부는 책으로부터 외우는 지식만이 아니라 대화에서 습득되는 정보로부터, 조언으로부터도 많이 이루어집니다. 조언을 받고 싶은데 어떻게 할 수 있을까요?

КОМУ ДАТЬ СОВЕТ?

조언을 할 때는 다음과 같은 구문이 사용됩니다.

1 동사의 명령형

- Поставь стол напротив окна. 책상을 창문 맞은편에 (세워) 놓아라.
- Не клади ковёр посреди комнаты. 카펫을 방 가운데에 (눕혀) 놓지 마라.

2 СОВЕТОВАТЬ (кому?) (что делать? что сделать?)

- Я советую тебе поставить стол у окна.
  책상을 창문 가까이에 놓으라고 너에게 권한다.
- Я не советую тебе класть ковёр посреди комнаты.
  나는 카펫을 방 가운데에 놓는 것을 너에게 권하지 않는다.

3 (кому?) НАДО/НУЖНО (что делать? что сделать?)

- Тебе надо/нужно поставить стол у окна.
  너는 책상을 창문 가까이에 놓아야 한다.
- Тебе не надо/не нужно класть ковёр посреди комнаты.
  너는 카펫을 방 가운데에 놓을 필요가 없다.

4 ЛУЧШЕ (что сделать?)

이 경우는 두 가지 또는 그 이상의 경우가 있을 때 사용됩니다.

- \- Как ты думаешь, куда поставить стол: около окна или посреди комнаты?
  어떻게 생각하니? 책상을 어디에 놓을까? 창문 가까이에 아니면 방 가운데에?

  \- Я думаю, что лучше поставить стол около окна.
  책상을 창문 가까이에 놓는 게 좋을 것 같아.

보기와 같이 다양한 형태로 조언을 해 보세요.

보기

Я не знаю, куда поставить стол. А как ты думаешь?

① Поставь стол около окна.

② Я советую тебе поставить стол около окна.

③ Тебе надо поставить стол около окна.

④ Лучше поставить стол около окна.

1 Я не знаю, куда повесить календарь.

______

2 Бабушка не знает, куда положить ковёр.

______

3 Я хочу хорошо отдохнуть, но не знаю, куда поехать: на Восточное или на Западное море?

______

4 Мама не знает, что приготовить на ужин.

______

5 Я не знаю, что подарить Марине: косметику или блузку.

______

6 Сестра не знает, какой фильм посмотреть.

______

7 Младший брат не знает, на какой факультет поступить.

______

어휘 косметика 화장품 блузка 블라우스

어휘-문법 2

СОГЛАСЕН, СОГЛАСНА, СОГЛАСНЫ + С КЕМ?

다른 사람의 생각이나 의견에 동의할 때 쓰는 표현입니다.

Он	согласен – не согласен	С КЕМ?
Она	согласна – не согласна	
Мы, Вы, Они	согласны – не согласны	

- Я думаю, что Сон Ми хорошо знает русский язык.
선미는 러시아어를 잘 아는 것 같아.

- а) Я согласен с тобой. Она говорит по-русски без ошибок.
네 생각에 동의해. 그녀는 러시아어를 실수 없이 말하거든.

б) Я не согласен с тобой, она делает много ошибок.
네 생각에 동의 안 해, 그녀는 실수를 많이 해.

다음 생각(의견)을 읽고, 그 생각에 동의·반대 의견을 표현해 보세요. 그리고 왜 동의하거나 반대하는지를 써 보세요.

1. Я думаю, что надо положить ковёр около дивана.

____

____

2. Мне кажется, лучше пригласить Катю на балет, а не на оперу.

____

____

3. Завтра на фестиваль корейской культуры придут русские студенты. Я думаю, что лучше приготовить кимпап.

____

____

그림을 보고 보기와 같이, 무엇을 어디에 놓을지(세울지, 눕힐지, 걸지) 조언을 받아 보세요.

보기

Подруга посоветовала мне поставить диван справа от стола, я так и сделала.

친구가 가구를 샀는데 무엇을 어디에 놓을지 모르는군요. 학생1과 2의 상황에 따라 대화해 보세요.

Студент 1: Вы купили ДИВАН, СТОЛ, ШКАФ, КОВЁР, КАРТИНУ. Вы не знаете, куда что надо поставить, повесить, положить. Спросите друзей.

Студент 2: Ваш друг купил новые вещи, но не знает, куда что поставить, положить, повесить. Посоветуйте ему.

그림을 보면 가구가 서 있고 뉘어 있고 걸려 있는 모습들이 당신 마음에 들지 않습니다. 어떻게 재배치해 놓는 것이 좋을지 **보기**와 같이 말해 보세요.

보기

Телефон стоит на полу. Я думаю, что лучше поставить его на стол.

다음 질문에 답해 보세요.

1. Где мой смартфон? Он лежал здесь, а сейчас его нет.

____

2. Саша, почему ты никогда не кладёшь свои вещи на место?

____

3. У тебя болят ноги? А что случилось?

____

4. Ты идёшь в книжный магазин? Зачем?

____

5. Лариса окончила университет 3 года назад, но не работает. Почему?

____

연습문제 7

제시된 문장의 앞부분을 읽고 아래 동사 중 알맞는 동사를 골라 문장을 완성해 보세요.

ПРИВОЗИТЬ – ПРИВЕЗТИ **ПРИНОСИТЬ – ПРИНЕСТИ**

1. К нам приехали родственники из деревни, они ______________.
2. Ты вернулся из Японии? ______________?
3. Сейчас Катя в библиотеке, она ______________.
4. Когда бабушка приходит в гости, она всегда ______________.

연습문제 8

다음 주어진 문장과 관련하여 그 뒷이야기를 이어 쓰세요.

1. Я советую младшему брату поступить на экономический факультет.
2. ______________________________
3. ______________________________
4. ______________________________

회화

Track 08

Света: Лена, мне нужен твой совет. Я купила мебель, но не знаю, куда что поставить. Как ты думаешь?

Лена: Света, я советую тебе поставить стол около окна.

Света: Почему?

Лена: Потому что у (=около) окна больше света.

Света: Хорошо, я согласна (с тобой). А диван?

Лена: Диван поставь сюда, справа от двери.

Света: А куда поставить компьютерный стол?

Лена: Надо поставить его рядом с письменным столом.

Света: А куда (поставить) телевизор?

Лена: Лучше (поставить) сюда, напротив дивана.

Света: А над диваном я хочу повесить фотографию нашей семьи.

Лена: Да, а справа и слева от фотографии повесь цветы.

Света: Да, это хорошая мысль. А куда лучше положить ковёр: около дивана или посреди комнаты?

Лена: Мне кажется, лучше (положить) посреди комнаты.

Света: Хорошо, я так и сделаю. Спасибо за совет.

스베따: 레나, 나에게 너의 조언이 필요해. 가구를 샀는데, 무엇을 어디에 놓을지 모르겠어. 네 생각은 어때?

레나: 스베따, 책상은 창문 가까이에 놓기를 권해.

스베따: 왜?

레나: 왜냐면 창문 가까이에는 빛이 더 많거든.

스베따: 좋아, 동감이야. 그럼 소파는?

레나: 소파를 여기 문 오른쪽에 놓아.

스베따: 컴퓨터 책상은 어디에 놓지?

레나: 그것은 책상 옆에 놓아야지.

스베따: 텔레비전은?

레나: 여기, 소파 맞은편이 좋을 거야.

스베따: 소파 위에 우리 가족 사진을 걸고 싶어.

레나: 응, 사진 오른쪽과 왼쪽에 꽃을 걸어.

스베따: 그래, 좋은 생각이야. 카펫은 어디가 좋을까? 소파 가까이에 아니면 방 가운데에?

레나: 방 가운데 놓는 게 나을 것 같아.

스베따: 좋아, 그렇게 할게. 조언해 줘서 고마워.

문장을 완성해 보세요.

1. Вчера я встретил ______________________.
2. Дети забыли ______________________.
3. Завтра я пойду ______________________.
4. В субботу мы ездили ______________________.
5. Календарь висит ______________________.
6. Брат повесил ______________________.
7. Диван стоит между ______________________.
8. Фрукты лежат ______________________.
9. Дети всегда кладут ______________________.
10. Кто поставил ______________________?
11. На вешалке ______________________.
12. Недалеко от окна ______________________.
13. Перед диваном ______________________.
14. Сергей приехал ______________, он привёз ______________.
15. Олег принёс ______________________.
16. Я советую тебе ______________________.
17. Тебе не надо ______________________.

러시아 문화 알아보기

러시아 식탁의 음식들

Блюда русского стола

러시아 농민들의 일상 음식은 아주 단순했습니다.

- щи : 양배추 수프
- каша : 우유나 물로 끓인 다양한 곡물의 죽
- хлеб : 빵[일반적으로 호밀로 만든 짙은 갈색의 빵 – 이 빵을 흑빵(чёрный хлеб)이라고 부름]
- квас : 크바스(호밀을 발효시켜 만든 러시아 전통 음료)

축제나 명절 때에는 특별히 고기를 먹고 밀로 만든 흰빵(белый хлеб)을 먹었습니다. 이때에는 생선, 고기, 양배추, 계란, 사과, 잼 등 각종 재료로 속을 채우고 밀가루로 만든 파이 같은 삐로그(пирог)나 밀가루와 꿀로 만든 러시아 전통 비스킷 종류인 쁘랸닉(пряник)도 구워 먹었습니다. 러시아 농민들은 채소와 과일도 재배하지만 주된 경작물은 밀과 호밀이었기 때문에 빵에 대해 항상 소중한 마음을 가지고 있었습니다. 빵 조각을 집어 들면 남기거나 버리지 않으며 실수로 빵이 바닥에 떨어지면 바로 주워서 빵에 키스하고 용서를 구했습니다. 물론 그런 의식이 오래 전에 사라졌지만 빵을 존중하는 태도는 여전히 유지되고 있습니다. 그런 이유로 빵과 관련된 많은 속담이 러시아어에 남아 있습니다.

«Хлеб – всему голова.» (빵은 모든 것의 머리이다. – 빵이 제일 중요하다는 의미)

«Не будет хлеба, не будет и обеда.» (빵이 없으면 식사도 없다.)

소금(соль)에 대한 태도도 아주 각별했습니다. 값비싼 소금을 평소에는 거의 사용하지 않고 아끼다가 손님이 오면 내놓았으며 그것도 손님상에만 소금을 담은 소금 통을 따로 내었습니다. 차려진 손님 음식에 소금을 치는 일은 집주인만이 할 수 있었고 적당히 충분한 양의 소금을 쳐야 하기에 집주인의 책임감이 무거웠습니다. 소금이 적거나 많으면 손님이 대접(존경)받지 못한다고 여깁니다. 러시아어 속담에 «насолить (кому?)» (누구에게 소금 칠을 많이 하다)라는 말이 있는데 '안 좋은 일을 끼치다'라는 의미로 사용되며, 소금을 엎지르는 것을 곧 누구와 다투게 될 거라는 안 좋은 징조로 받아들입니다.

손님을 빵과 소금으로 환대하는 고대의 전통은 지금도 계속되고 있는데 빵과 소금에서 파생된 형용사 «хлебосольный»가 쓰인 хлебосольный хозяин / хлебосольная хозяйка라는 표현은 손님 대접에 소홀하지 않는 친절한 집주인과 여주인을 가리킵니다.

제 9 과

ТЫ ЖИВЁШЬ В ОБЩЕЖИТИИ ИЛИ СНИМАЕШЬ КВАРТИРУ?

너는 기숙사에 살고 있니? 아니면 아파트를 세내어 사니?

핵심 표현

- Ты живёшь в общежитии?
  너는 기숙사에서 사니?
- Я снимаю однокомнатную квартиру.
  나는 방 1개짜리 아파트를 세내어 살아.

9과에서는 주거와 숙식, 집들이에 대해서 알아봅시다. 자신이 살고 있는 주거 환경에 대해 설명하고 집들이를 할 때 필요한 표현을 배우겠습니다. 러시아 유학이나 일상생활상에 아주 긴요하면서, 재미있고 유익한 표현이 될 것입니다.

СНИМАТЬ – СНЯТЬ

СНИМАТЬ – СНЯТЬ 동사는 많은 의미를 가지고 있는 중요한 단어입니다. 자주 쓰이는 기본적 의미를 먼저 알아볼까요?

	снимать	снять (что?) 대격
현재형	снимаю снимаешь снимают	
과거형	снимал, -а, -и	снял, -а, -и
미래형	я буду снимать	сниму снимешь снимут

1 아파트, 방, 호텔 방 등을 일정 기간 동안 얻다(세 얻다, 빌리다) (на какое время?)

- Виктор снял квартиру на год. 빅토르는 1년 동안 아파트를 세 얻었습니다.
- Мы приехали на Чеджу и сняли на три дня номер в гостинице «Лотте».
  우리는 제주도에 와서 롯데 호텔의 방을 3일 동안 얻었습니다.

2 옷(외투, 셔츠, 바지, 양말 등), 신발(슬리퍼, 운동화 등), 목도리, 모자, 안경, 반지, 목걸이, 귀걸이 등을 벗다

- Маша сняла пальто и повесила его на вешалку.
  마샤는 외투를 벗어서 옷걸이에 걸었습니다.
- На улице очень тепло, поэтому дети сняли шапки.
  거리는(바깥은) 따뜻해서 아이들은 모자를 벗었습니다.

3 벽으로부터 사진, 그림, 달력을 떼다 (что?) (откуда?)

- Саша снял со стены прошлогодний календарь и повесил новый.
  싸샤는 작년 달력을 벽에서 떼고 새 달력을 걸었습니다.

4 계좌에서 돈을 인출하다 [снять деньги (со счёта)]

- Вот банкомат, подожди минуточку, пожалуйста, мне надо снять деньги.
  저기 은행 입출금 기계가 있다, 잠깐만 기다려 줘, 돈을 인출해야 해.

어휘 счёт 계좌　банкомат 은행 입출금 기계

5 영화를 찍다 (снять фильм)

Этот известный режиссёр снял новый фильм.
이 유명한 감독이 새 영화를 찍었다.

어휘 '사진을 찍다'는 фотографировать 동사를 사용합니다. 'снять фотографию'는 위 3번의 의미, '사진을 떼다'라는 의미입니다.

연습문제 1 СНИМАТЬ – СНЯТЬ 동사의 알맞은 형태를 사용하여 문장을 완성해 보세요.

1. На стене висит календарь прошлого года, надо ______________ и повесить новый календарь.
2. В прошлом году я жил в общежитии, а в этом году собираюсь ______________.
3. Где здесь банкомат? Мне надо ______________.
4. Каждый вечер мы смотрим сериал, его ______________.
5. Утром было холодно, но сейчас очень тепло, поэтому ______________.

어휘 сериал 연속극

어휘-문법 2

ОДНОКОМНАТНЫЙ, ОДНОЭТАЖНЫЙ

두 단어의 결합으로 새로운 합성어가 만들어집니다. 여기에서는 수사와 명사의 결합으로 파생된 형용사를 알아보겠습니다.

одна комната – однокомнатный 방 하나 – 방 하나의

один этаж – одноэтажный 한 층 – 한 층의

1 방 두 개짜리 아파트 двухкомнатная квартира

Какую квартиру ты снимаешь? (Сколько комнат в квартире?)
어떤 아파트를 세내고 있니? (아파트에 방이 몇 개인가?라는 의미입니다.)

В квартире одна комната = однокомнатная квартира	방 1개짜리 아파트
две комнаты = двухкомнатная квартира	방 2개짜리 아파트
три комнаты = трёхкомнатная квартира	방 3개짜리 아파트
четыре комнаты = четырёхкомнатная квартира	방 4개짜리 아파트
пять комнат = пятикомнатная квартира	방 5개짜리 아파트

2 12층 집(건물) двенадцатиэтажный дом

В доме один этаж = одноэтажный дом	1층 집
два этажа = двухэтажный дом	2층 집
три этажа = трёхэтажный дом	3층 집
четыре этажа = четырёхэтажный дом	4층 집
пять этажей = пятиэтажный дом	5층 집
шесть этажей = шестиэтажный дом	6층 집
двадцать этажей = двадцатиэтажный дом	20층 집
двадцать пять этажей = двадцатипятиэтажный дом	25층 집

다음 주어진 문장과 관련하여 그 뒷이야기를 완성해 보세요.

1 В прошлом месяце мы купили новую квартиру.

2 ______________________________

3 ______________________________

4 ______________________________

회화 1

Track 09-1

여러분은 기숙사 거주를 선호하십니까? 아니면 방을 얻어 사는 것을 선호하십니까?

Дима: Ты живёшь в общежитии?

Миша: Нет, мы с другом снимаем(сняли) двухкомнатную квартиру недалеко от университета.

Дима: Там (в той квартире) есть мебель?

Миша: Да, есть вся необходимая мебель и бытовая техника.

Дима: Хорошо. Я думаю, что лучше и дешевле снимать квартиру, чем жить в общежитии.

Миша: Я согласен с тобой.

지마: 너는 기숙사에서 사니?

미샤: 아니, 나는 친구와 같이 대학교에서 멀지 않은 곳에서 방 2개짜리 아파트를 얻어서 살고 있어(얻었어).

지마: 거기(그 아파트에)는 가구가 있어?

미샤: 응, 모든 필요한 가구가 있고 가전제품도 있어.

지마: 좋구나. 내 생각에 기숙사에서 사는 것보다 아파트를 얻어서 사는 것이 더 싸고 좋을 것 같아.

미샤: 네 생각에 동의해.

어휘와 표현

- 러시아 집에서 각 방과 공간의 이름

거실 гостиная　침실 спальня　아이 방 детская　서재 кабинет
부엌 кухня　욕실 ванная　화장실 туалет

연습문제 3 다음 물음에 답하세요.

А) [회화 1]의 내용에 맞게 다음 문장을 완성해 보세요.

1. Миша с другом снимает ______________________________,
   которая находится ______________________________.
2. В этой квартире ______________________________.
3. Дима считает, что ______________________________.
4. Миша согласен ______________________________.

Б) 만약 위의 답을 맞게 썼다면 짧은 단문이 완성되었을 겁니다. 완성된 전체 단문을 한번 읽어 보세요. 그 다음 책을 보지 말고 기억에 의존하여 그 내용을 이야기해 보세요.

회화 2

Track 09-2

친구가 아파트를 샀습니다. 집들이에 초대를 하는군요. 집들이 선물로 무엇을 사 갈까요?

Нина: Я слышала, что ты купила квартиру.

Соня: Да, купила на прошлой неделе, а в субботу вечером я приглашаю всех друзей на новоселье. Ты сможешь (прийти)?

Нина: Да, смогу. Спасибо за приглашение. Какую квартиру ты купила?

Соня: (Я купила) Однокомнатную квартиру в двенадцатиэтажном доме.

Нина: А на каком этаже (находится твоя квартира)?

Соня: На третьем (этаже).

Нина: Поздравляю! А ты уже купила мебель?

Соня: Я купила кровать, шкаф, стол и стулья. Ещё мне надо купить небольшое кресло.

Нина: Тогда мы с друзьями подарим тебе кресло на новоселье. (Мы с друзьями купим тебе в подарок на новоселье кресло.) Хорошо?

Соня: Я буду рада!

니나: 네가 아파트를 샀다고 들었어.

소냐: 응, 지난주에 샀어, 토요일 저녁에 친구들을 집들이에 초대할 거야. 너 올 수 있니?

니나: 응, 갈 수 있어. 초대해 줘서 고마워. 어떤 아파트를 샀니?

소냐: 12층 집(건물)에 방 하나짜리 아파트야.

니나: (네 아파트는) 몇 층이니?

소냐: 3층이야.

니나: 축하해! 그런데 가구는 벌써 샀니?

소냐: 침대, 장롱, 책상, 의자들을 샀어. 크지 않은 안락의자를 더 사야 돼.

니나: 그러면 내가 친구들하고 같이 집들이 선물로 안락의자를 살게. 좋아(괜찮아)?

소냐: 기쁜 일이지!

어휘와 표현

- **новоселье** 집들이
- **На каком этаже находится квартира?** 아파트는 몇 층에 (위치해) 있니?
  - на первом/на втором/на третьем/на четвёртом…, на двадцатом/на двадцать первом этаже
    1층에/2층에/3층에/4층에…, 20층에/21층에

연습문제 4

다음 질문에 답하세요.

А) [회화 2] 내용에 맞춰 서로서로 질문해 보세요.

____

____

Б) 당신이 소냐라고 가정하고 당신이 구입한 아파트에 대해서 말해 보세요. 어떤 집이고 몇 층에 있고, 어떤 가구들이 있으며 친구들이 집들이를 축하하려고 준비하는 선물 등에 대해서 이야기해 보세요.

____

____

____

연습문제 5

다음 문장을 완성해 보세요.

1. Брат открыл ______________________________.
2. Мне надо перевести ______________________________.
3. Завтра я покажу ______________________________.
4. Наташа часто получает ______________________________.
5. Ты уже послал ______________________________?
6. Дети, вы должны выучить ______________________________.
7. Завтра я пойду на ______________________________.
8. Летом лучше поехать в ______________ к ______________.
9. Сергей часто опаздывает ______________________________.
10. Я советую тебе взять ______________________________.
11. Отец привёз ______________________________.
12. Дети пришли ______________, они принесли ______________.
13. Маша, не клади ______________________________.
14. Детям надо ______________________________.
15. Повесь ______________________________.

러시아 문화 알아보기

학생 기숙사의 생활

Жизнь в студенческом общежитии

다른 도시나 외국으로 유학을 떠나면 거주할 곳에 대한 고민이 생깁니다. 호텔이나 기숙사, 하숙이나 자취… 선택이 별로 많지 않네요. 호텔이라면 아주 좋겠지만 너무 비싸고 장기간 거주하기에 큰 부담이죠. 기숙사 생활은 장단점이 있겠지만 기본적으로 학교와 가깝고 아주 비싸지도 않고 최소한의 가구와 가전제품이 구비되어 있어서 편리합니다.

어느 설문 조사에서 러시아 학생들은 기숙사 생활의 다른 장점을 다음과 같이 얘기합니다.

- 기숙사 생활은 즐겁고 동료들과의 친밀한 교류가 있다.
- 소중한 삶의 경험을 배우고 갈등과 고민을 해결할 수 있다.
- 강의 내용을 이해하지 못했거나 숙제하면서 문제가 생겨 옆 방 동기에게 가면 친절히 설명해 준다 (러시아 대학에는 학생들 간의 심한 경쟁이 없어서 기꺼이 서로서로 도움).
- 기숙사는 삶의 동반자를 찾는 데 이상적 장소이다. 왜냐하면 강의실에서뿐만 아니라 그 사람의 일상생활을 볼 수 있기 때문이다(러시아 기숙사는 남녀가 한 방을 쓰는 것은 아니지만 한 건물에서 같이 거주).

한편으로 기숙사 방은 한 방에 2~4명을 배정하기에 타인과의 공동 생활이 불편을 야기할 수 있습니다. 그리고 기숙사 문은 보통 밤 11시에 닫아서 그 시간 안에 들어와야 합니다.

이런 이유로 많은 학생들은 학교에서 멀지 않은 곳의 아파트를 월세 내어 삽니다. 러시아에는 전세의 개념이 없고 월세의 형태만 있습니다. 선호하는 아파트는 방 1개짜리 아파트인데, 앞서 배웠듯이 방 1개짜리 아파트 구조는 방 하나와 독립된 별도 부엌 공간, 화장실과 욕실로 되어 있습니다. 아파트 월세는 기숙사비보다 비쌉니다. 그래서 친구와 둘이서 방 2개짜리 아파트를 월세 내어 각자 반씩 지불하여 살기도 합니다. 이 방법이 혼자서 방 1개짜리 아파트를 세내는 것보다 비용이 훨씬 덜 듭니다.

제 10 과

ДОМАШНИЕ ДЕЛА; Я УБИРАЮ КОМНАТУ.

집안일; 나는 방을 청소한다.

핵심 표현

- Я убираю комнату, а сестра моет посуду.
  나는 방을 정돈(청소)하고 누이는 그릇을 씻는다(설거지 한다).
- Мама варит суп, жарит курицу и печёт блины.
  엄마는 수프를 끓이고, 닭을 굽고 블린을 굽는다.

집안일에 대해 이야기해 보도록 하겠습니다. 언어마다 비슷한 표현이 있을 수 있지만 가끔은 모국어 습관이 올바른 러시아어 사용에 방해가 될 수도 있죠. 집안일 관련 표현에 자주 쓰이는 동사와 어휘, 문법에 대해 종합적으로 체계적으로 알아보겠습니다. 지금 배우는 표현은 실생활에 아주 유익하게 사용될 것입니다.

청소, 정돈 표현

1 방을 청소하다

убирать
(현재) я убираю, -ешь, -ют
(명령) Убирай(те)!

убрать (что?) комнату
(미래) я уберу, -ёшь, -ут
(명령) Убери(те)!

- Сестра не хочет убирать нашу комнату, обычно я убираю её.
  누이는 우리 방 청소하는 것을 싫어해서, 보통 내가 청소한다.

주의하세요!

러시아어 표현에 '방을 청소하다'라고 할 때 **«чистить комнату»**라고 쓰지 않습니다. **«чистить комнату»**는 잘못된 표현입니다.

2 (바닥, 그릇, 신발을) 물로 닦다

мыть
(현재) я мою, -ешь, -ют
(명령) Мой(те)!

вымыть, помыть (что?) пол, посуду, обувь
(미래) я вымою/помою, -ешь, -ют
(명령) Вымой(те)! Помой(те)!

- Тебе надо вымыть/ помыть обувь и поставить её в шкаф.
  너는 신발을 (물로) 닦아 내고 신발장에 놓아야 한다.
- Сейчас сестра моет пол в нашей комнате.
  지금 누이가 우리 방의 바닥을 (물로) 닦아 낸다.

3 (신발, 옷, 카펫, 그릇, 이, 생선, 채소, 과일을) 깨끗이 하다, 씻다, 손질하다

чистить
(현재) я чищу, чистишь, -ят
(명령) Чисти(те)!

почистить (что?) обувь, одежду, ковёр, посуду, зубы, рыбу, овощи, фрукты
(미래) я почищу, почистишь, -ят
(명령) Почисти(те)!

- Бабушка почистила овощи и приготовила борщ.
  할머니가 채소를 깨끗이 씻어서 보르쉬를 준비했다.

주의하세요!

그릇을 깨끗히 하는 **МЫТЬ ПОСУДУ**와 **ЧИСТИТЬ ПОСУДУ** 두 표현에는 큰 의미 차이가 있습니다. **МЫТЬ** 동사는 물을 많이 사용하여 깨끗하게 씻는 것이고(일반적으로 설거지 할 때 쓰임), **ЧИСТИТЬ** 동사는 물을 조금 사용하거나 아예 물을 사용하지 않으면서 깨끗하게 하는 것입니다. 그리고 **ЧИСТИТЬ** 동사는 제거하기 어려운 얼룩이나 더러움을 없애는 육체적 노력을 포함하고 있다는 것을 기억해 주세요. 그리고 **ЧИСТИТЬ ОВОЩИ/ФРУКТЫ/ЯЙЦА/РЫБУ**는 여러 의미가 있는데 흙, 썩은 부분, 껍질, 비늘, 내장 등을 벗겨 내고 제거해 요리로 바로 먹을 수 있게 깨끗히 하는 것입니다.

4 (옷, 물건, 침구를) 빨래하다

стирать	постирать (что?) одежду, вещи, бельё
(현재) я стираю, -ешь, -ют	(미래) я постираю, -ешь, -ют
(명령) Стирай(те)!	(명령) Постирай(те)!

- **Мне надо постирать свои джинсы, потому что они очень грязные.**
  내 청바지가 아주 더러워서 나는 청바지를 빨아야 한다.

5 (옷, 물건, 침구를) 다림질하다

гладить	погладить (что?) одежду, вещи, бельё (чем?)
(현재) я глажу, гладишь, -ят	(미래) я поглажу, погладишь, -ят
(명령) Гладь(те)!	(명령) Погладь(те)!

- **Я глажу брюки утюгом.** 나는 바지를 다리미로 다림질한다.
- **В субботу мама постирала и погладила бельё.**
  토요일에 엄마가 침대 시트를 빨고 다림질했다.

어휘 утюг 다리미 бельё 속옷, 침대 시트

연습문제 1

다음 동사 중에서 알맞은 동사를 골라 문장을 완성해 보세요.

убирать – убрать, мыть – вымыть (помыть), чистить – почистить,
стирать – постирать, гладить – погладить

1. Сергей не любит ________________ свою комнату.
2. Люда, ________________, пожалуйста, овощи.
3. Мама сначала ________________ одежду, потом ________________ её утюгом.
4. Давай вместе делать домашние дела. Я ________________ пол, а ты ________________ посуду.
5. После обеда дети всегда ________________ зубы.

요리 관련 표현

готовить – приготовить (еду, блюда)

1 (빵, 고기, 채소, 과일, 종이를 칼, 가위로) 자르다

резать — порезать (что?) хлеб, мясо, овощи, фрукты, бумагу
(чем?) ножом, ножницами

(현재) я режу, режешь, -ут — (미래) я порежу, порежешь, -ут

(명령) Режь(те)! — (명령) Порежь(те)!

- Ты должна порезать овощи и положить их в кастрюлю.
  너는 채소를 잘라서 냄비에 넣어야 한다.

어휘 кастрюля 냄비

2 (수프, 달걀, 생선, 고기, 쌀, 감자를) 끓이다, 삶다

варить — сварить (что?) суп, яйцо, рыбу, мясо, рис,
картофель (картошку)

(현재) я варю, варишь, -ят — (미래) я сварю, сваришь, -ят

(명령) Вари(те)! — (명령) Свари(те)!

- Мама сварила куриный суп. 엄마는 닭 수프를 끓였다.

어휘 끓인(삶은): варёный картофель, варёная рыба, варёное яйцо/мясо

주의하세요!

ВАРИТЬ 동사는 끓는 물에 끓이는 것입니다. 찌는 경우는 다음과 같이 표현합니다.

варить – сварить (что?) на пару

- Мама сварила рыбу на пару. 엄마는 생선을 증기에 쪘다.

어휘 пар 증기, 김

3 (달걀, 고기, 생선, 감자를 프라이팬에) 굽다, 볶다

жарить — пожарить (что?) яйцо, мясо, рыбу, картофель (картошку)

(현재) я жарю, -ишь, -ят — (미래) я пожарю, -ишь, -ят

(명령) Жарь(те)! — (명령) Пожарь(те)!

- Я люблю жареную рыбу, но не люблю жарить её.
  나는 구운 생선을 좋아하지만, 생선 굽는 것을 좋아하지는 않는다.

어휘 구운: жареный картофель, жареная рыба, жареное яйцо/мясо

주의하세요!

ЖАРИТЬ 동사는 식용유를 두르고 굽는 것입니다. 튀기는 경우는 다음과 같이 표현합니다.

жарить – пожарить (что?) во фритюре

- Повар жарит картофель во фритюре. 요리사는 감자를 기름에 튀긴다.

어휘 фритюр 끓인 기름

4 (빵, 블린, 케이크, 비스킷, 감자를 오븐에) 찌다, 굽다

печь	испечь (что?) хлеб, блины, торт, печенье, картофель (картошку)
(현재) я пеку, печёшь, пекут	(미래) я испеку, испечёшь, испекут
(과거) пёк, пекла, пекли	(과거) испёк, испекла, испекли
(명령) Пеки(те)!	(명령) Испеки(те)!

- Мы научили иностранных студентов печь русские блины.
  우리는 외국 학생들에게 러시아 블린을 굽는 것을 가르쳐 줬다.

어휘 печёный картофель 오븐에 구운 감자

주의하세요!

ПЕЧЬ 동사는 물이나 기름 없이(또는 아주 적은 양의 기름으로) 굽는 것을 말합니다.

연습문제 2 알맞은 동사를 써서 문장을 완성해 보세요.

1. Света, не надо ________________ рыбу, лучше ________________ её.
2. Вера ________________ овощи ножом, положила их в кастрюлю и начала ________________ овощной суп.
3. Я не люблю ________________ яйца, поэтому ________________, пожалуйста, одно яйцо.
4. Вера, врач сказал, что дедушке нельзя есть ________________ картофель, поэтому давай ________________ его.

연습문제 3 보기와 같이 말해 보세요.

보기 Помой(вымой), пожалуйста, посуду.

회화

Track 10

Муж: Что ты хочешь приготовить сегодня на ужин?

Жена: Я пожарю картофель, сварю курицу и испеку блины.

Муж: Я думаю, что лучше приготовить жареную курицу с варёным картофелем.

Жена: Хорошо, но ты должен помочь мне.

Муж: Да? А что (мне) надо делать?

Жена: Порежь, пожалуйста, курицу и почисти картофель.

Муж: Ну, тогда у меня появилась другая идея: давай поужинаем в ресторане.

남편: 오늘 저녁으로 무엇을 준비할 거야?

아내: 감자를 볶고, 닭을 삶고 블린을 구울 거야.

남편: 내 생각으로는, 닭을 굽고 감자를 삶는 게 나을 것 같아.

아내: 좋아, 그러나 나를 도와줘야 돼.

남편: 그래? 무엇을 해야 되나?

아내: 닭을 자르고 감자를 손질해 줘.

남편: 음, 그러면 다른 생각이 떠올랐어: 식당 가서 저녁 외식하자.

[회화]를 읽고 다음 질문에 답해 보세요.

1. Что хочет приготовить жена на ужин?

2. Какие блюда мужу нравятся больше?

3. А что вам нравится больше: варёный картофель с жареной курицей или жареный картофель с варёной курицей? Почему?

4. Жена попросила мужа помочь ей. Что ему надо сделать?

5. Какая идея появилась у мужа? Как вы думаете, почему?

주어진 질문에 대답해 보세요.

1. В твоей комнате очень грязно. Почему ты редко убираешь свою комнату?

2. Ты сказала, что занималась домашними делами и устала. А что ты сегодня делала?

3. Что ты хочешь приготовить сегодня на обед?

4. Ты хочешь приготовить на ужин жареную курицу? Но ведь жареные продукты вредны для здоровья!

5. Почему ты не хочешь есть варёную рыбу? Рыба полезна для здоровья. Полезно есть не жареную, а варёную рыбу.

어휘 вредный 해로운   полезный 유익한

вредный(해로운): вреден, вредна, вредно, вредны

полезный(유익한): полезен, полезна, полезно, полезны

1. для чего?
   - Спорт полезен для здоровья. 스포츠는 건강에 좋다.
   - Плавание полезно для здоровья. 수영은 건강에 좋다.
   - Алкоголь вреден для здоровья. 알코올(음주)은 건강에 해롭다.
   - Курение вредно для здоровья. 흡연은 건강에 해롭다.

2. полезно / вредно + 동사원형
   - Полезно заниматься спортом. 운동을 하는 것은 유익하다.
   - Вредно курить. 흡연은 해롭다.

다음 주어진 문장과 관련하여 그 뒷이야기를 이어 쓰세요.

1. Сегодня вечером у нас будут гости.
2. ________________
3. ________________
4. ________________

연습문제 7

다음 문장을 완성해 보세요.

1. Тебе надо убрать ________________.
2. Погладь, пожалуйста, ________________.
3. Ольга почистила ________________.
4. Почему дети не вымыли ________________?
5. Утром сестра сварила ________________.
6. На обед мама пожарила ________________.
7. Маше нравится печь ________________.
8. Почему ты не постирала ________________?
9. Мама советует дочери ________________.
10. На обед нам надо ________________.

연습문제 8

다음 질문에 대답하세요. 필요하면 〈부록〉에 있는 여격표를 참고하세요.

1. Кому улыбается Дмитрий?

   ____

2. Кому ты говорил о своих планах?

   ____

3. Кому вы всегда рады?

   ____

4. Кто тебе всегда помогает?

____

5. Что вам объяснил профессор?

____

6. Что вам посоветовал декан?

____

7. Почему родители не разрешили тебе поехать в Россию?

____

8. Дети мешают тебе?

____

9. Сестра преподаёт? Что? Кому?

____

10. Что ты принёс? Кому?

____

11. Тебе нужен новый костюм? Зачем?

____

12. Почему тебе не нравится Антон?

____

13. Что тебе нужно сделать завтра?

____

14. Какой цвет тебе идёт? Почему ты так думаешь?

____

어휘 декан 학장

러시아 문화 알아보기

절인(발효된) 양배추

Квашеная капуста

한국 음식 중 김치는 아주 기본적이고 중요하죠. 김치의 유효성을 전 세계가 인정하고 있습니다. 러시아 전통 음식 중 김치와 비슷한 것이 있는데 양배추로 담아 발효시킨 'квашеная капуста(절인 양배추)'입니다.

양배추는 9세기에 러시아 땅에 들어왔다고 여겨지는데 추위에 강한 양배추는 러시아 땅 전역에서 뿌리를 내리고 손쉽게 재배됩니다. 양배추는 생으로 먹거나 샐러드로 먹고 또는 굽거나 삶아 먹습니다. 러시아 전통 야채 수프인 борщ나 щи에 들어가는 기본적인 주재료입니다.

16세기에 양배추를 절이는 조리법이 처음으로 나오는데 가을에 양배추를 커다란 나무통에 담가 긴 겨울과 봄 동안 꺼내 먹었습니다. 아직도 많은 러시아 가정에서 이 방식대로 담가 먹습니다. 양배추를 절이는 조리법이 다양하게 집집마다 전수되어 내려옵니다. 주재료는 양배추와 당근, 소금이고 부 재료는 크랜베리(клюква), 링고베리(брусника), 후추, 고추, 월계수 잎 등입니다.

절인 양배추를 만드는 방법은 양배추와 당근을 잘게 자르고 소금을 치고 통 안에 빽빽하게 눌러 담고 무거운 것을 올려 놓아 물기가 빠져 올라오게 합니다. 6~7일 정도 발효가 진행되는 동안 자작나무 막대기로 규칙적으로 통 안을 깊게 찔러 가스가 배출되도록 합니다. 발효 과정이 끝나면 양배추 통을 서늘한 곳으로 옮겨 저장합니다. 발효되어 시어진 양배추는 인체에 필요한 비타민과 미네랄이 풍부합니다. 몸에 좋은 점은 말할 수 없이 많지만 특히 소화에 도움되며 신경 조직, 심혈관 조직에 좋습니다. 신선한 채소와 과일을 먹기 어렵고 햇볕이 부족한 추운 겨울에 절인 양배추는 무엇과도 바꿀 수 없습니다. 절인 발효 양배추는 감기와 바이러스에 대한 저항성을 고취시키고 면역성을 강화시켜 줍니다.

제 11 과

ПРЯМАЯ РЕЧЬ И КОСВЕННАЯ РЕЧЬ (1)

직접화법과 간접화법 (1)

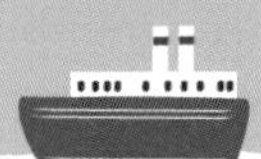

핵심 표현

- Студенты спросили профессора, когда будет экзамен.
  학생들이 시험이 언제 있을지 교수님께 물었다.
- Профессор ответил, что экзамен будет двадцатого апреля.
  교수는 시험이 4월 20일에 있을 거라고 대답했다.

이번 과에서는 직접화법과 간접화법을 배웁니다. 전해 들은 말을 제3자에게 전달해야 하는 경우가 있습니다. 전달할 때는 오해가 발생하지 않도록 말을 정확히 옮겨야 합니다. 화법 전환에는 몇 가지 문법 기본 규칙이 있는데, 이때 필요한 단어와 기본 문법에 주의하시기 바랍니다.

화법 - 서술문

직접화법과 간접화법

직접화법을 간접화법으로 바꾸는 방법은 다음과 같은 세 가지 형태의 문장 형식에 따라 달라집니다.

서술문	Я иду в кино. 나는 영화 보러 간다. Сегодня хорошая погода. 오늘 날씨가 좋다. Мне 20 лет. 나는 20살이다.
의문문	Где ты учишься? 어디에서 공부하니? Сколько тебе лет? 너는 몇 살이니? Ты обедал? 밥 먹었니?
명령문	Купи, пожалуйста, фрукты. 과일 사 줘. Дай словарь. 사전 줘. Читайте больше. 더 많이 읽으세요.

그럼, 직접화법의 문장 형태가 어떻게 간접화법으로 바뀌는지 자세히 알아보겠습니다.

서술문

직접화법의 서술문을 간접인용문으로 바꿀 때 접속사 **что**가 사용됩니다. 접속사 что 앞에 쉼표 찍는 것을 잊지 마세요. 주절의 시제에 따른 종속절의 **시제 일치는 없습니다**. 주절의 시제가 과거라고 해서 종속절의 시제를 과거에 맞추지 않으며, 종속절의 시제는 종속절의 원래 시제를 그대로 씁니다. 종속절의 **인칭**은 필요한 경우 내용에 맞게 바뀝니다.

- Мама сказала: «Сегодня хорошая погода».
  엄마가 말했다. "오늘 날씨가 좋아."
  → Мама сказала, что сегодня хорошая погода.
  엄마가 오늘 날씨가 좋다고 말했다.

- Сын сказал маме: «Сегодня я пойду в кино».
  아들이 엄마에게 말했다. "오늘 영화 보러 갈 거예요."
  → Сын сказал маме, что сегодня он пойдёт в кино.
  아들이 엄마에게 오늘 그가 영화 보러 갈 거라고 말했다.

- Анна сказала Саше: «Это моя книга».
  안나는 싸샤에게 말했다. "이것은 내 책이야."
  → Анна сказала Саше, что это её книга.
  안나는 싸샤에게 이것이 그녀의 책이라고 말했다.

다음 문장을 간접인용문으로 바꾸어 보세요.

1. Студенты сказали преподавателю: «Скоро у нас будет экскурсия».

→ ______________________________

2. Соня сказала Виктору: «Я забыла перевести диалог».

→ ______________________________

3. Мама сказала детям: «Вам нужно больше заниматься».

→ ______________________________

4. Оля и Наташа сказали мне: «Корейские друзья пригласили нас в Эверлэнд».

→ ______________________________

5. Отец сказал сыну: «Ты не должен долго играть в компьютерные игры».

→ ______________________________

6. Бабушка сказала нам: «В моём доме нет лифта».

→ ______________________________

어휘-문법 2

화법 - 의문문

의문문

의문문에는 의문사가 있는 것과 없는 것, 두 가지 형태가 있다는 것을 아시죠?

의문사가 있는 의문문	의문사가 없는 의문문
Где работает отец? 아버지가 어디에서 일하시니?	Папа **дома**? 아빠는 계시니 **집에**?
Куда ты поедешь летом? 여름에 너는 어디로 가니?	Ты **обедал**? 너는 밥 **먹었니**?
Сколько сейчас времени? 지금 몇 시니?	Дети **идут** в парк? 아이들은 공원에 **가니**?
Почему ты опоздал? 너는 왜 늦었니?	Дети идут **в парк**? 아이들은 가니 **공원에**?
Кому ты позвонил? 너는 누구에게 전화했니?	У тебя **есть** словарь? 너에게는 사전이 **있니**?
С кем ты играл в футбол? 너는 누구와 축구했니?	Это **хороший** фильм? 이 영화는 **재미있니**?

1 의문사가 있는 의문문

의문사가 있는 의문문을 간접화법으로 바꿀 때, 의문사가 접속사의 역할을 동시에 수행하기 때문에 접속사가 따로 필요하지 않습니다.

Антон спросил Нину: «Где ты учишься?»
안톤이 니나에게 물었다. "너는 어디에서 공부하니?"

→ Антон спросил Нину, где она учится.
안톤이 니나에게 그녀가 어디에서 공부하는지를 물었다.

연습문제 2

다음 직접화법을 간접화법으로 바꾸어 보세요

1. Брат спросил сестру: «Почему ты не хочешь идти в кино?»

→ ______________________________

2. Анна спросила Свету: «Кому ты позвонила?»

→ ______________________________

3 Мама спросила детей: «Когда вы будете делать домашнее задание?»

→ ______________________________

4 Профессор спросил студента: «Как долго ты учился в МГУ?»

→ ______________________________

2 의문사가 없는 의문문

우선 의문사가 없는 의문문의 경우, **질문의 핵심 부분**에 해당되는 곳의 억양이 강조됩니다. 즉, 궁금해하는 점, 그 단어를 강하게 발음하며 강세를 주어 물어봅니다.

엄마가 아들에게 직접화법으로 "너 밥 먹었니?"라고 물어볼 때 **ОБЕДАЛ**을 강하게 표현하면 아들이 밥을 먹었는지, 아니면 안 먹었는지를 궁금해한다는 뜻입니다. 이 문장을 간접화법으로 바꿀 때, 강조되는 단어(궁금해하는 핵심 부분)를 종속문이 되는 뒷 문장의 맨 앞으로 옮기고 그 단어 바로 뒤에 의문조사 **ЛИ**를 붙입니다. 그 외 나머지 단어들은 어순이 바뀌지 않습니다.

Мама спросила сына: «Ты **обедал**?»
엄마가 아들에게 물었습니다. "너 밥 먹었니?"

→ Мама спросила сына, обедал ли он.
엄마가 아들에게 그가 밥을 먹었는지 안 먹었는지를 물었습니다.

Брат спросил сестру: «Папа **дома**?»
형이 누이에게 물었습니다. "아빠가 집에 계시니?"

→ Брат спросил сестру, дома ли папа.
형이 누이에게 아빠가 집에 계신지 안 계신지를 물었습니다.

Папа спросил маму: «Дети **идут** в парк?»
아빠가 엄마에게 물었습니다. "애들이 공원에 걸어가나요?"

→ Папа спросил маму, идут ли дети в парк.
아빠가 엄마에게 애들이 공원에 걸어가는지 아닌지를 물었습니다.

Саша спросил Нину: «Ты **хорошо** говоришь по-английски?»
싸샤가 니나에게 물었습니다. "너는 영어를 잘하니?"

→ Саша спросил Нину, хорошо ли она говорит по-английски.
싸샤가 니나에게 그녀가 영어를 잘하는지 못하는지를 물었습니다.

다음 문장을 간접화법으로 바꾸어 보세요.

1. Маша спросила Наташу: «У тебя **есть** словарь?»

→ ______________________________

2. Мила спросила Виктора: «Это **хороший** фильм?»

→ ______________________________

3. Дети спросили отца: «Ты **купил** нам игрушки?»

→ ______________________________

4. Врач спросил Антона: «У вас **болит** горло?»

→ ______________________________

연습문제 4

다음 대화를 읽고 내용을 간접화법으로 바꾸어 보세요.

Муж: Что ты хочешь приготовить сегодня на ужин?

Жена: Я пожарю картофель, сварю курицу и испеку блины.

Муж: Лучше приготовить жареную курицу с варёным картофелем.

Жена: Хорошо. Тогда ты должен помочь мне.

Муж: А что мне надо делать?

Жена: Тебе надо порезать курицу и почистить картофель.

Муж: У меня появилась другая идея, мы поужинаем в ресторане.

간접화법 유의사항

1 서술문의 직접화법을 간접화법으로 전환할 때, 간접화법의 주절의 동사에 **ГОВОРИТЬ – СКАЗАТЬ** 동사만 사용되는 것이 아니라 **ОТВЕЧАТЬ – ОТВЕТИТЬ** 동사도 사용될 수 있습니다. 단, **ОТВЕЧАТЬ – ОТВЕТИТЬ** 동사가 사용되는 경우는 간접화법의 서술문이 질문에 대한 대답일 경우입니다. 다시 말하면 문장이 앞서 던진 질문에 대한 답변으로 이루어졌을 경우, 간접화법의 주절의 동사에 **ОТВЕЧАТЬ – ОТВЕТИТЬ** 동사를 사용할 수 있습니다.

예를 들면 다음의 두 사람의 대화(직접화법)를 봅시다.

Муж: Что ты хочешь приготовить сегодня на ужин?
오늘 저녁 식사로 무엇을 요리하고 싶어?
Жена: Я пожарю картофель, сварю курицу и испеку блины.
감자를 굽고, 닭을 삶고 블린을 구워 낼 거야.

간접화법으로 바꾸면 다음과 같습니다.

Муж спросил жену, что она хочет приготовить на ужин.
Жена ответила, что она пожарит картофель, сварит курицу и испечёт блины.

2 두 사람의 대화를 간접화법으로 바꿀 때, 간접화법의 모든 문장에, 누구에게 이야기되는지를 매번 언급할 필요가 없습니다. 첫 번째 문장에서 대화 상대가 누구와 누구인지 밝혀졌기 때문에, 앞 문장에서 대상이 한 번 표현되는 것으로 충분합니다. 예를 들면 아래의 간접화법 문장에서, 두 번째 문장의 '아내가 남편에게 대답했습니다'는 올바른 표현이 아닙니다. 왜냐하면 이미 첫 번째 문장에서 '남편이 아내에게 물었습니다'라는 표현이 있기 때문에, 두 번째 문장의 '남편에게'는 불필요한 사족인 것입니다.

틀린 표현

Муж спросил жену, что она хочет приготовить на ужин.
Жена ответила мужу, что она пожарит картофель, сварит курицу и испечёт блины.

올바른 표현

Муж спросил жену, что она хочет приготовить на ужин.
Жена ответила, что она пожарит картофель, сварит курицу и испечёт блины.

3 직접화법의 대화를 간접화법으로 전환할 때, 대화 참여자의 이름이 대명사로 바뀌는 것에 주의하세요! 그러나 똑같은 대명사를 계속 몇 번씩 반복하는 것은, 누가 누구인지를 모르는 혼란이 발생할 수 있습니다. 같은 대명사의 반복 사용은 대화자가 같은 성일 경우(남성, 여성) 나타날 수 있는데, 이런 경우에는 대명사와 명사(고유명사, 대화 참여자의 이름)를 번갈아 써야 혼란을 피할 수 있습니다.

예를 들면 아래의 직접화법 대화를 봅시다.

Маша: Света, где ты отдыхала летом? 스베따, 여름에 어디에서 쉬었니?
Света: Я ездила на остров Чеджу. 제주도에 다녀왔어.
Маша: Как долго ты была на Чеджу? 제주도에 얼마나 오랫동안 있었니?
Света: Я была там две недели. 거기에 2주 있었어.

대명사를 사용한 간접화법으로 바꾸면 다음과 같습니다.

Маша спросила Свету, где она отдыхала летом.
Света ответила, что она ездила на остров Чеджу.
Маша спросила, как долго она была на Чеджу.
Света ответила, что она была там две недели.

위의 짧은 간접화법에서 대명사 ОНА가 4번이나 사용되었는데, ОНА는 마샤를 지칭하기도 하고 스베따를 지칭하기도 합니다. 그래서 누가 누구인지 모르는 혼란이 발생하기 때문에 이 경우에는 대명사 ОНА와 대화자의 이름을 아래와 같이 번갈아 표현하는 것이 좋습니다.

Маша спросила Свету, где она отдыхала летом.
Света ответила, что она ездила на остров Чеджу.
Маша спросила, как долго Света была на Чеджу.
Света ответила, что она была там две недели.

4 «А что мне надо делать?»처럼 질문의 앞에 나오는 접속사 А는, 이 문장이 앞선 문장과 같은 맥락(동일한 문맥)의 문장이라는 것을 보여 주는 것이기 때문에, 간접화법으로 전환할 때 다시 쓸 필요는 없습니다.
또한 ДА와 НЕТ, 그리고 동의의 의미인 ХОРОШО가 직접화법에서 답변으로 쓰였을 때도 간접화법으로 전환 시 이를 다시 쓸 필요가 없습니다.

예를 들면 아래의 직접화법 대화를 봅시다.

Антон: Вера, у тебя есть свободное время? 베라, 여유 시간 있니?
Вера: Да, есть. 응, 있어.

- Муж: Лучше приготовить жареную курицу с варёным картофелем.
  삶은 감자와 구운 닭 요리가 좋을 것 같아.

  Жена: Хорошо. Тогда ты должен помочь мне. 좋아요. 그럼 나 좀 도와줘.

간접화법으로 바꾸면 각각 다음과 같습니다.

- Антон спросил Веру, есть ли у неё свободное время.
  Вера ответила, что есть.

- Муж сказал, что лучше приготовить жареную курицу с варёным картофелем.
  Жена сказала мужу, что тогда он должен помочь ей.

5 위와 같은 설명을 종합하여 [연습문제 4]의 대화 전체를 간접화법으로 바꾸면 다음과 같습니다.

- Муж спросил жену, что она хочет приготовить сегодня на ужин.
  Жена ответила, что она пожарит картофель, сварит курицу и испечёт блины.
  Муж сказал, что лучше приготовить жареную курицу с варёным картофелем.
  Жена сказала, что тогда он должен помочь ей.
  Муж спросил, что ему надо делать.
  Жена ответила, что ему надо порезать курицу и почистить картофель.
  Муж сказал, что у него появилась другая идея, они поужинают в ресторане.

다음 대화를 읽고 내용을 간접화법으로 바꾸어 말해 보세요.

Марина: Наташа, куда ты идёшь?

Наташа: Я иду в поликлинику.

Марина: Что случилось?

Наташа: У меня болит горло.

Марина: У тебя **есть** температура?

Наташа: Да, есть, невысокая.

Марина: Какая у тебя температура?

Наташа: 37,4. Температура невысокая, но у меня слабость.

회화

Track 11

Ольга: Марина, я поздно вернулась с работы и не успела приготовить ужин. Ты не поможешь?

Марина: Конечно, помогу, Оля. Что нужно сделать?

Ольга: Сначала нужно помыть овощи, потом почистить их и приготовить салат. А я пожарю мясо.

Марина: Хорошо, сейчас всё сделаю… У женщин всегда много дел, они стирают, убирают, моют, готовят… А мужчины не любят заниматься домашними делами.

Ольга: Я не согласна с тобой. Многие современные мужья помогают своим жёнам.

Марина: А твой муж помогает тебе?

Ольга: Да, всегда помогает.

Марина: Что он обычно делает?

Ольга: Он покупает продукты, моет посуду после ужина, а в выходные дни мы вместе убираем квартиру.

Марина: Тебе повезло! У тебя прекрасный муж!

올가: 마리나, 내가 직장에서 늦게 와서 미처 저녁 준비를 못했어. 네가 좀 도와주지 않을래?

마리나: 물론, 도와줄게, 올랴. 무엇을 해야 돼?

올가: 먼저 채소를 씻고, 다음에 그것을 깨끗이 다듬고 샐러드를 만들어야 해. 대신 나는 고기를 구울게.

마리나: 좋아, 당장 다 할게… 여자들한테는 항상 일이 많아, 빨래하고, 청소하고, 씻고, 음식 만들고… 그런데 남자는 집안 일 하는 걸 좋아하지 않잖아.

올가: 나는 네 의견에 동의 안 해. 현대의 많은 남편들은 아내들을 도와줘.

마리나: 그럼 형부는 언니를 도와줘?

올가: 그래, 항상 도와준단다.

마리나: 보통 무엇을 도와주는데?

올가: 그는 식료품을 사고, 저녁 후에 설거지를 하지, 주말에는 우리 같이 집을 청소해.

마리나: 언니는 운도 좋아! 언니에게는 멋진 남편이 있네!

어휘와 표현

- **вернуться поздно** 늦게 돌아오다
  이 표현에서 부사 **поздно**는 '보통 때보다도 더 늦게'라는 비교급 의미로 사용됩니다.

- **успевать – успеть** 성공하다, 해내다
  보통 이 동사는 시간과 관련하여 여유 있거나 촉박한 상황에서 사용됩니다.

	успевать	успеть + 동사원형(동사는 반드시 완료상)
현재형	успеваю, -ешь, -ют	
과거형	успевал, -а, -и	успел, -а, -и

미래형	буду успевать	успею, -ешь, -ют
명령형	Успевай(те)!	Успей(те)!

- У меня мало времени, я думаю, что не успею перевести текст.
  나에게는 시간이 별로 없어서, 텍스트를 미처 번역하지 못 할 것 같아.

- **(кому?) (не) везёт / (не) повезло** (누구는) 운이 (안) 좋다 / 운이 (안) 좋았다
  - Мне всегда везёт. / Мне всегда не везёт. 나는 항상 운이 좋다. / 나는 항상 운이 안 좋다.
  - Олегу повезло, он нашёл хорошую работу. 올레그는 운이 좋았다. 그는 좋은 직장을 찾았다.
  - Анна хотела посмотреть балет в Большом театре, но ей не повезло, не было билетов. 안나는 볼쇼이 극장에서 발레를 보고 싶었지만, 운이 안 좋았다. 표가 없었다.

[회화]와 관련된 다음의 질문에 답해 보세요.

1. Почему Марина помогает Ольге готовить ужин?

2. Что должна сделать Марина?

3. Марина сказала, что мужчины не любят заниматься домашними делами. А что Ольга думает об этом?

4. Марина сказала, что Ольге повезло. Почему?

5. Как вы думаете, должен ли муж помогать жене? Почему вы так думаете?

[회화]의 내용을 간접화법으로 전달해 보세요.

러시아 문화 알아보기

러시아어에서 '너와 당신'

«ТЫ и ВЫ» в русском языке

너(ты)라고 불러야 할지 당신(вы)이라고 불러야 할지의 문제는 러시아 교양 예절에서 중요한 부분입니다. 러시아 문화에서는 나이가 많거나 직급이 높은 연장자를 대할 때 대명사 «вы»를 사용하는데 이 대명사는 이름 또는 이름-부칭과 함께 사용되기도 합니다.

«Игорь, вы сейчас заняты?» (이고르, 당신은 지금 바쁘십니까?)

«Игорь Александрович, можно задать вам несколько вопросов?»
(이고르 알렉산드로비치, 몇 가지 질문을 당신께 드려도 되겠습니까?)

또한 대명사 «вы»는 모르는 사람에게도 사용됩니다.

«Молодой человек, вы не знаете, где здесь аптека?»
(젊은이, 약국이 어디에 있는지 모르십니까?)

학교, 가게, 대중교통, 거리 등에서 마주치는 12~13살까지의 어린 아이들에게는 대명사 «ты»가 사용됩니다. 주의할 점은 대명사 «ты»는 단수이기 때문에 한 아이하고 얘기할 때만 사용된다는 것입니다. 아이들이 둘 이상이면 대명사 «вы»를 사용하게 됩니다. «вы»는 '너희들'이나 '당신들'처럼 2인칭 복수 개념과 위의 설명에서처럼 '당신'이라는 의미의 2인칭 단수 존칭 대명사로 같이 쓰이기 때문입니다. 13살 이상의 청소년에게는 «вы»를 사용하는 것이 일반적입니다. «вы»는 학교에서 선생님이 고학년의 학생들에게, 혹은 대학 교수님이 대학생들에게 사용하는데, '당신'이라는 존칭 사용은 학생들에게 자존감을 높여 줄 수 있습니다. 가정에서 아이들은 가까운 부모나 할아버지, 할머니에게 «ты»라고 하지만 다른 친척 어른들에게는 «вы»라고 합니다.

대명사 «ты»는 나이가 같거나 아주 가까운 관계에서 사용되는데 «ты»는 깊은 신뢰 상태를 상징하며 너는 나의 친한 친구이고 내가 잘 알고 믿을 수 있는 사람을 의미합니다.

만약 당신이 «ты»나 «вы» 중에 어떤 형태를 골라야 할지 고민이라면 «вы»를 선택하는 것이 좋습니다. 특히 정식 관계가 아직 형성되지 않은 젊은이들의 대화는 아주 자주 «вы»로 시작되어 곧 «ты» 단계로 넘어갑니다. 러시아에서는 한 살이 많거나 선배라고 해서, 우리처럼 형 동생의 관계로 고정되는 것이 아니라 (몇 년 정도 나이차는 무시되고) 친근해지면 서로 «ты» 관계가 됩니다. 그러나 주의할 점은 둘 중 하나가 «Может быть, мы перейдём на ты?»(우리 말 놓을까?)라고 제안을 하고 둘이 다 동의해야만 '너'라고 부르기 시작할 수 있다는 것입니다.

제 12 과

ПРЯМАЯ РЕЧЬ И КОСВЕННАЯ РЕЧЬ (2)

직접화법과 간접화법 (2)

핵심 표현

- Максим предложил Анне пойти на фотовыставку в субботу.
  막심은 안나에게 토요일에 사진 전시회에 가자고 제안했다.
- Анна попросила Максима позвонить ей в пятницу вечером.
  안나는 자기에게 금요일 저녁에 전화하라고 막심에게 부탁했다.

11과에 이어 이번 과에서도 계속해서 직접화법과 간접화법에 대해 배우겠습니다.

화법 – 명령문

1 직접화법의 명령문

우선 먼저 명령문을 직접화법으로 표현할 때, 주절에서 두 개의 동사가 사용된다는 것을 알아야 합니다.

ГОВОРИТЬ – СКАЗАТЬ (КОМУ?)
ПРОСИТЬ – ПОПРОСИТЬ (КОГО?)

두 동사 중 어느 동사를 사용할지 선택하기에 앞서 두 동사의 의미 차이를 알아야 합니다.

1) 도움을 요청하거나 부탁을 할 경우는 반드시 ПРОСИТЬ – ПОПРОСИТЬ 동사를 씁니다.

- Студент попросил профессора: «Объясните, пожалуйста, грамматику».
- Студент сказал профессору: «Объясните, пожалуйста, грамматику».*
  (문장 자체는 틀린 문장은 아니지만, 부탁보다는 말한 것에 대한 사실 전달에 의미를 두는 문장이 됩니다.)
- Сестра попросила брата: «Помоги мне, пожалуйста, сделать домашнее задание».
- Дети попросили маму: «Приготовь, пожалуйста, пельмени».
- Нина попросила Сашу: «Дай, пожалуйста, словарь».

2) 조언을 하거나 요구를 할 때는 ГОВОРИТЬ – СКАЗАТЬ 동사를 씁니다.

– 조언

- Мила спросила Наташу: «Куда поставить стол?»
  밀라는 나타샤에게 물었다: "책상을 어디에 놓을까?"
  Наташа сказала Миле: «Поставь стол около окна».
  Наташа попросила Милу: «Поставь стол около окна».*
  (문장 자체는 틀린 문장은 아니지만, 앞 문장과 어울리지 않고 부탁의 의미를 두는 문장이 됩니다.)

- Вадим спросил Женю: «Что лучше подарить Олегу?»
  바짐은 제냐에게 물었다: "올레그에게 무엇을 선물하면 더 좋을까?"
  Женя сказала Вадиму: «Подари Олегу галстук».
  Женя попросила Вадима: «Подари Олегу галстук».*
  (문장 자체는 틀린 문장은 아니지만, 앞 문장과 어울리지 않고 부탁의 의미를 두는 문장이 됩니다.)

- 요구

Профессор сказал студентам: «Не опаздывайте!»
교수님은 학생들에게 말했다: "늦지 마세요!"

2 간접화법의 명령문

명령문을 간접화법으로 표현할 때는 두 가지 방법이 있습니다.

1) 동사원형을 쓰는데 ПРОСИТЬ – ПОПРОСИТЬ 동사와 같이 씁니다.

Мама попросила Нину: «Почисти, пожалуйста, овощи».
→ Мама попросила Нину почистить овощи.

Студенты часто просят профессора: «Расскажите нам, пожалуйста, о Москве».
→ Студенты часто просят профессора рассказать им о Москве.

2) 접속사 ЧТОБЫ를 씁니다.

Мама сказала Антону: «Делай домашнее задание».
→ Мама сказала Антону, чтобы он делал домашнее задание.
→ Мама сказала, чтобы Антон делал домашнее задание.

Преподаватель сказал студентам: «Запомните новые слова».
→ Преподаватель сказал студентам, чтобы они запомнили новые слова.
→ Преподаватель сказал, чтобы студенты запомнили новые слова.

주의하세요!

접속사 ЧТОБЫ가 들어가는 구조를 선택했을 경우 접속사 ЧТОБЫ가 이끄는 종속절의 시제는 과거입니다.

다음 직접화법을 간접화법으로 바꾸어 보세요.

1. Максим сказал Соне: «Позвони бабушке».

→ ____________________

2. Дети попросили маму: «Прочитай, пожалуйста, сказку».

→ ____________________

3 Мама часто говорит детям: «Не шумите!»

→ ______________________________

4 Преподаватель сказал студентам: «Занимайтесь больше!»

→ ______________________________

5 Лариса сказала Тане: «Повесь бра над диваном».

→ ______________________________

6 Жена попросила мужа: «Помой, пожалуйста, посуду».

→ ______________________________

7 Мама попросила дочь: «Испеки, пожалуйста, блины».

→ ______________________________

어휘 шуметь 떠들다, 소음을 내다

연습문제 2

다음 대화를 간접화법으로 바꾸어 이야기해 보세요.

1 (Соня и Маша)

- Соня, я переехала в новую квартиру.
- Где ты теперь живёшь?
- Запиши адрес: улица Достоевского, дом 3, квартира 7.
- Записала.
- Я хочу пригласить тебя в гости в субботу вечером.
- А можно (прийти) не в субботу, а в воскресенье?
- Да, пожалуйста, приходи в воскресенье, часов в 5.

2 (Нина и Вера)

- Я купила мебель, но не знаю, куда что поставить. Как ты думаешь?
- Я советую тебе поставить стол около окна.
- Почему?
- У (=около) окна больше света.
- А куда поставить диван?
- Диван поставь справа от двери.

 어휘-문법 2

ДАЙ (ДАЙТЕ)의 명령문

- 만약 직접명령문에 **ДАЙ (ДАЙТЕ)**가 포함된 경우, 이 직접명령문을 2개가 아니라 3개의 간접명령문으로 바꿔 표현할 수 있습니다.

Юрий попросил Лену: «Дай, пожалуйста, книгу».
유리가 레나에게 부탁했다: "책을 줘."
→ Юрий попросил Лену дать книгу.
→ Юрий попросил Лену, чтобы она дала книгу. /
Юрий попросил, чтобы Лена дала книгу.
→ Юрий попросил у Лены книгу.

연습문제 3

다음 직접명령문을 간접명령문으로 바꾸어 보세요.

1. Дочь попросила маму: «Дай, пожалуйста, яблоко».

____

2. Джон попросил официанта: «Дайте, пожалуйста, вилку».

____

3. Учительница попросила школьников: «Дайте, пожалуйста, тетради с домашним заданием».

____

연습문제 4

다음의 대화를 간접화법으로 바꿔 보세요.

- Лариса, у тебя есть роман Толстого «Воскресение»?
- Да, Света, есть.
- Через две недели у нас будет экзамен по русской литературе, мне надо прочитать этот роман. Дай мне, пожалуйста, его.
- Хорошо, завтра принесу.

어휘 Воскресение 부활

ДАВАЙ (ДАВАЙТЕ)의 청유문

- 직접화법에서 '~하자(~합시다)'를 의미하는 ДАВАЙ (ДАВАЙТЕ)가 쓰이면, 이를 간접화법으로 바꿀 때, 주절의 동사는 '제안하다, 권하다'라는 의미의 ПРЕДЛАГАТЬ – ПРЕДЛОЖИТЬ로 바뀝니다.

Маша сказала Свете: «Давай поедем на море».
마샤는 스베따에게 말했다: "바다로 가자."

→ Маша предложила Свете поехать на море.
마샤는 스베따에게 바다로 가자고 제안했다.

	предлагать	предложить
현재형	я предлагаю, -ешь, -ют	
과거형	предлагал, -а, -и	предложил, -а, -и
미래형	я буду предлагать	я предложу, -ишь, -ат

- ПРЕДЛАГАТЬ – ПРЕДЛОЖИТЬ 동사의 의미와 문법

1 권하다, 제공하다

предлагать – предложить (кому?) (что?)

Мама предложила гостям чай и кофе.
엄마는 손님들에게 차와 커피를 권했다.

Гостиница предлагает завтрак и ужин.
호텔은 아침과 저녁 식사를 제공한다.

2 같이 하는 것을 제안하다

предлагать – предложить (кому?) + инфинитив НСВ и СВ
= делать вместе

Я предложил другу весь день заниматься в библиотеке.
나는 친구에게 하루 종일 도서관에서 공부할 것을 제안했다. — НСВ: 불완료상 동사

Друг предложил мне пойти в кино.
친구는 나에게 영화 보러 갈 것을 제안했다. — СВ: 완료상 동사

Я предложил другу не идти/ не ходить в кино.
나는 친구에게 영화 보러 가지 말자고 제안했다. — НСВ: 불완료상 동사

다음 문장을 간접화법으로 바꾸어 보세요.

1. Максим сказал Игорю: «Давай пойдём на стадион».

   → ______________________________

2. Мы сказали маме: «Давай приготовим пельмени».

   → ______________________________

3. Преподаватель сказал студентам: «Давайте всегда говорить только по-русски».

   → ______________________________

4. Преподаватель сказал студентам: «Давайте не будем разговаривать по-корейски».

   → ______________________________

5. Валентина сказала подругам: «Давайте поедем на фотовыставку».

   → ______________________________

연습문제 6

다음의 대화를 간접화법으로 바꾸어 보세요.

Марина: Ира, давай пойдём на балет.
Ира: На какой балет?
Марина: В субботу будет «Лебединое озеро», а в воскресенье - «Жизель».
Ира: Я два раза смотрела «Лебединое озеро». Давай пойдём на «Жизель».
Марина: Я согласна.

어휘 Лебединое озеро 백조의 호수 Жизель 지젤

____

____

____

____

____

회화

Track 12

A: Через месяц на нашем факультете будет фестиваль русской культуры. Нам надо обсудить программу (фестиваля). Какие идеи?

Б: Давайте подготовим небольшой концерт.

В: Да, обязательно нужен концерт.

А: Я тоже так думаю. Наша группа может подготовить русский танец «Кадриль».

Б: А мы споём русскую народную песню «Калинка».

В: Давайте подготовим не только народные, но и современные песни.

Б: Да, это будет хорошо.

А: А мы сможем показать небольшой спектакль?

В: У нас мало времени, может быть, мы не успеем подготовить спектакль.

Б: Давайте возьмём небольшой рассказ Чехова, и тогда мы успеем.

А: Нам надо посоветоваться с профессором.

В: В нашем университете на факультете корейского языка учатся студенты из Москвы. Давайте попросим их помочь нам.

Б: Это отличная мысль!

А: 한 달 뒤에 우리 학부에 러시아 문화 축제가 있을 거야. 우리는 축제 프로그램을 논의해야 해. 어떤 좋은 생각들이 있니?

Б: 작은 콘서트를 준비합시다.

В: 그래, 콘서트는 꼭 필요해.

А: 나도 그렇게 생각해. 우리 그룹이 러시아 춤 '까드릴'을 준비할 수 있어.

Б: 그럼 우리는 러시아 민요 '깔린까'를 부를게.

В: 민요만이 아니라 현대 노래도 준비하자.

Б: 그래, 그게 좋겠다.

А: 그런데 우리는 짧은 연극도 보여 줄 수 있을까?

В: 우리에게 시간이 많지 않아서, 아마도, 연극 준비를 마저 못 할 거야.

Б: 체홉의 짧은 단편 이야기를 준비하자, 그러면 해낼 수 있을 거야.

А: 교수님과 이야기를 나눠 보자.(교수님의 자문을 구하자.)

В: 우리 대학교 한국어 학부에 모스크바에서 온 학생들이 있어. 그들에게 도움을 요청하자.

Б: 그거 참 좋은 생각이야!

어휘와 표현

- идея = мысль 이데아 = 생각
- обсуждать – обсудить 논의하다, 토론하다

	обсуждать	обсудить (что? 대격)
현재형	обсуждаю, -ешь, -ют	

과거형	обсуждал, -а, -и	обсудил, -а, -и
미래형	буду обсуждать	обсужу, обсудишь, -ят
명령형	обсуждай(те)!	обсуди(те)!

- На собрании студенты обсуждают свои проблемы.
  학생들이 회의에서 자신들의 문제를 토의하고 있다.

- **готовить – подготовить** (что? 대격) 준비하다
  [회화]에서 동사 **подготовить**는 관객에게 보여 주기 위해서 미리 연습과 리허설을 준비하는 것을 의미합니다.
  - Студенты подготовили русские песни и танцы. 학생들이 러시아 노래와 춤을 준비했다.

- **народный** 민중의, 민속의
  - народная песня 민요
  - народный танец 민속 춤

- **советоваться – посоветоваться** 상담하다, 상담을 나누다
  советоваться – посоветоваться처럼 동사에 접미사가 붙으면, 타동사가 자동사로, 즉 동작이 자신에게 돌아오는 재귀의 의미로 변합니다. **советовать – посоветовать** 동사는 주어가 충고를 합니다. **советоваться – посоветоваться** 동사는 주어가 충고를 받습니다.
  - Отец советует мне поступить на экономический факультет.
    아버지는 나에게 경제학부에 입학하라고 권하신다.
  - Я часто советуюсь с отцом. 나는 자주 아버지와 상담을 합니다(아버지의 충고를 듣습니다).

[회화]의 내용과 맞게 다음 문장을 완성해 보세요

1. Фестиваль ______________ будет ______________.
2. Студенты обсуждают ______________.
3. Они планируют подготовить ______________.
4. На фестивале студенты будут танцевать, ______________.
5. Но они думают, что не успеют ______________.
6. Студенты собираются попросить ______________.

회화 내용을 간접화법으로 전달해 보세요.

연습문제 9

다음 질문에 자유롭게 대답해 보세요.

1. Игорь предложил в субботу пойти в музей русского искусства. Почему ты не хочешь?

2. Мама попросила тебя помочь ей приготовить пельмени. Почему ты не помогла?

3. Саша попросил у тебя русско-английский словарь, но ты не дала. Почему?

4. Кто поставил на компьютерный стол грязную чашку?

5. Ура! Начались каникулы! А почему ты не рад?

다음 문장을 완성해 보세요.

1. Профессор рассказывает ______________________.
2. Профессор разговаривает ______________________.
3. Завтра мы поедем в ______________ к ______________.
4. Олег не подготовился ______________________.
5. Отец рад, что ______________________.
6. Брат положил ______________________.
7. Обувь стоит ______________________.
8. Сигареты лежат ______________________.
9. Брат повесил ______________________.
10. Наташа всегда кладёт ______________________.
11. Мне не нужна ______________________.
12. Кому нужны ______________________?
13. Тебе не надо ______________________.
14. Я советую тебе ______________________.
15. Я не советую вам ______________________.

러시아 문화 알아보기

알렉산드르 세르게예비치 푸시킨의 시 '너와 당신'

Александр Сергеевич Пушкин «ТЫ и ВЫ»

1828년 푸시킨이 쓴 시, '너와 당신'은 당대 시인이 사랑했던 젊은 아가씨 안나 올레니나(Анна Оленина)에게 헌정되었습니다. 푸시킨의 시대에 남녀 관계에서 사교계의 예절 규칙은 서로를 2인칭 단수 존칭 대명사 «вы»로 대했습니다.

Пустое «вы» сердечным «ты»	공허한 '당신'을 사랑스러운 '너'로
Она, обмолвясь, заменила.	그녀는 무심코 바꿔 말했다.
И все счастливые мечты	그 순간 모든 행복한 꿈들을
В душе влюблённой возбудила.	사랑에 빠진 내 영혼으로부터 일깨웠다.

사교계 예절 규칙상 상대를 대할 때 대명사 «вы»를 사용해야 함에도 불구하고, 안나 올레니나가 시인과의 대화에서 무심코 또는 의식적으로 대명사 «ты»를 사용한 상황을 푸시킨은 이 시에서 표현하고 있습니다. «ты» 사용은 순식간에 젊은이들의 관계를 공식적인 것에서 가깝고 친밀한 것으로 바꿔 놓았는데요. 시인에게 «вы»는 공허하고 차갑고 무정함의 표현이고, «ты»는 사랑스러움과 따뜻하고 다정한 열린 마음을 상징합니다.

Пред ней задумчиво стою,	그녀 앞에 생각에 잠겨 서 있다,
Свести очей с неё нет силы.	그녀를 향한 시선을 돌릴 수 없다.
Я говорю ей: «Как вы милы!»	나는 그녀에게 말한다: "당신은 정말 사랑스러워요!"
И мыслю: «Как тебя люблю!»	그러면서 생각한다: "정말 너를 사랑해!"

제 13 과

СКАЖИТЕ, КАК ДОБРАТЬСЯ ДО ВОКЗАЛА!

기차역까지 어떻게 가는지 말해 주세요!

핵심 표현

- Скажите, как добраться до вокзала?
  기차역까지 어떻게 가는지 말해 주세요.
- Поезжайте на автобусе №5.
  5번 버스를 타고 가세요.
- А где здесь остановка автобуса?
  여기 버스 정류장이 어디에 있나요?
- Вон там, около банка.
  저기에, 은행 근처에 있습니다.

요즘은 스마트폰이 나오고 내비게이션이 있어서 기계의 도움을 많이 받지만, 그래도 우리는 모르는 길에 나섰을 때 목적지에 가는 방법을 사람들에게 자주 묻곤 합니다. 기계가 아주 구체적이고 세부적인 사항까지 해결해 주지 못하는 부분이 있거든요. 길눈이 어두운 사람(길치)은 이 과의 내용을 주의 깊게 공부하시기 바랍니다.

КАК СПРОСИТЬ О ДОРОГЕ?

다음과 같이 길을 묻는 표현이 있습니다.

Как дойти до…
Как доехать до… + 생격
Как добраться до…

위 세 질문 중 어느 문장을 선택할지는, 질문자가 가려고 하는 목적지가 가까운 곳에 있는지 먼 곳에 있는지를 아느냐 모르느냐의 여부에 달려 있습니다. 예를 들면 물어보는 사람이 목적지가 멀지 않아서 **걸어가는** 것이 가능하다는 것을 정확히 알고 있다면 КАК ДОЙТИ ДО 구문을 씁니다. 목적지가 멀어서 그곳까지 가기 위해 **교통수단**을 이용해야 한다면 КАК ДОЕХАТЬ ДО 구문을 씁니다. КАК ДОБРАТЬСЯ ДО 구문은 이와는 달리, 걸어서 가든 교통수단을 이용해서 가든 목적지까지의 도달 방식을 고민하지 않을 때, 좀 더 **포괄적인** 경우에 사용하는 표현입니다. 그래서 КАК ДОБРАТЬСЯ ДО 구문은 질문자가 목적지가 가까이 있는지 멀리 있는지 여부를 모르는 상황이라면 어느 때라도 사용할 수 있습니다.
또한 일반적인 질문의 형태로 다음과 같은 문장이 있습니다.

- Где находится парк? 공원이 어디에 있습니까?
- Где здесь аптека? 여기에 약국이 어디에 있습니까?
  (여기에서 부사 ЗДЕСЬ는 가장 가까운 곳이라는 의미를 내포하고 있다는 것에 주의하세요.)

질문지 선택의 기준 이외에 하나 더 알아야 할 것이 있습니다. 낯선 사람에게 길을 묻는 질문을 하기 전에 그들을 어떻게 부르고 그들의 주의를 끄는 방법을 알아야 합니다. 도움이 필요하여 낯선 사람을 부를 때 사용되는 몇 가지 호칭이 있는데, 호칭은 그 사람의 성(여성인지, 남성인지)과 연령(나이)에 좌우됩니다.
만약 당신 앞에 청소년기의 사람이 있다면, 그가 남성이면 Мальчик, 여성이면 Девочка로 부릅니다.

- Мальчик, где здесь аптека? (남자) 꼬마야, 여기에 약국이 어디에 있니?
- Девочка, как дойти до рынка? (여자) 꼬마야, 시장까지 어떻게 걸어가니?

청년기의 젊은 사람이 있다면 남성은 Молодой человек, 여성은 Девушка로 부릅니다.

- Молодой человек, как доехать до стадиона? 젊은이, 경기장까지는 어떻게 갑니까?
- Девушка, где здесь станция метро? 아가씨, 여기에 지하철역이 어디에 있습니까?

만약 나이 든 장년의 사람이 있다면, 성 관련 호칭 없이, 중립적 표현을 사용합니다.

- **Извините, где здесь остановка автобуса?**
  실례합니다. 여기에 버스 정류장이 어디에 있습니까?
- **Извините, вы не знаете, как добраться до вокзала?**
  실례합니다, 기차역까지 어떻게 갈 수 있는지 모르시나요?
- **Скажите, пожалуйста, как доехать до стадиона «Динамо»?**
  '디나모' 경기장까지 어떻게 갈 수 있는지 말해 주시겠습니까?

- 가끔 나이 든 장년의 사람을 부르는 호칭 명사로 **Мужчина! Женщина!**가 쓰이는 것을 볼 수 있습니다. 하지만 이 표현은 타인을 존중하는 정중한 어감을 느끼지 못하기 때문에(거리감을 느끼게 하고 예의 바른 표현이 아님) 웬만하면 쓰지 않는 것이 좋습니다.

- 한국에서는 직업을 호칭으로 부르는 일이 많습니다. 기사님, 선생님, 교수님 모두 직업을 호칭으로 부르는 대표적인 경우이지요. 심지어 길을 지나는 젊은이를 '학생!'이라고 부르기도 하지요. 러시아에서는 직업을 호칭으로 부르는 일이 거의 없습니다. 굳이 예외가 있다면 의사(**Доктор!**)와 교수(**Профессор!**)가 예외적인 경우인데, 이 경우도 이름과 부칭을 모르는 경우에만 해당합니다.

회화 1

Track 13-1

А: Скажите, пожалуйста, где находится гостиница «Космос»?

Б: Здесь недалеко. Пешком минут 15. Идите прямо до перекрёстка, потом поверните направо, перейдите через дорогу.

А: Так, понятно: прямо, потом направо.

Б: Там увидите банк «Москва». Гостиница – за банком.

А: Большое спасибо.

Б: Пожалуйста.

А: '코스모스' 호텔이 어디에 있는지 말해 주시겠습니까?

Б: 여기서 멀지 않아요. 걸어서 15분 정도. 교차로까지 곧장 가시고, 그 다음 오른쪽으로 돌아, 길을 건너가세요.

А: 그렇게, 알겠습니다. 곧장, 그 다음 오른쪽.

Б: 거기에서 '모스크바' 은행이 보일 겁니다. 호텔은 은행 뒤에 있습니다.

А: 대단히 감사합니다.

Б: 천만에요.

연습문제 1

그림을 보고 보기와 같이 대화를 해 보세요.

보기 A

Студент 1: Скажите, пожалуйста, где здесь аптека?

Студент 2: Аптека (находится) напротив банка.

보기 Б

Студент 1: Извините, как добраться до аптеки?

Студент 2: Идите прямо до перекрёстка, перейдите через дорогу, поверните направо и идите прямо минуты 3, там увидите аптеку.

교통수단 표현

길을 물어보는 질문에 대한 대답은, 목적지가 걸어서 갈 수 있는 가까운 곳인지 교통수단을 이용해서 가야 하는 먼 곳인지에 따라 달라집니다. 걸어가는 것과 차를 타고 가는 두 가지 경우의 대답을 각각 살펴보도록 합시다. 질문에 대한 답은 명령문을 이용하거나 НАДО / НУЖНО 뒤에 동사원형을 붙여 대답합니다.

1 걸어서 가는 경우(пешком)

Идите прямо до… + 생격 (до банка, до остановки автобуса, до перекрёстка)

- Вам надо/нужно идти прямо до… …까지 곧장 걸어가야 합니다.
- Поверните направо/налево. 오른쪽/왼쪽으로 도세요.
- Вам надо/нужно повернуть… …로 돌아야 합니다.
- Перейдите через дорогу. 길을 건너가세요.
- Вам надо/нужно перейти… …로 건너가야 합니다.

어휘 перекрёсток 교차로 поворачивать – повернуть (куда?) (어디로) 방향을 바꾸다, 돌다
переходить – перейти (через дорогу) (길을) 건너다

2 차를 타고 가는 경우(на транспорте)

1) 한 번에 목적지 도착

- \- Поезжайте на автобусе № 7 до остановки «Парк».
  \- Вам надо ехать на автобусе № 7 до остановки «Парк».

- \- Садитесь на автобус № 7 и поезжайте до остановки «Парк».
  \- Вам надо сесть на автобус № 7 и ехать до остановки «Парк».

- \- Садитесь на автобус № 7 и выходите на остановке «Парк».
  \- Вам надо сесть на автобус № 7 и выйти на остановке «Парк».

어휘 садиться на автобус 버스를 타다 выходить 차에서 내리다 (나가다)

2) 도중에 갈아타는 경우

- Сначала поезжайте на автобусе № 7 до остановки «Стадион», потом вам надо пересесть на метро и ехать до остановки «Парк».
- Сначала вам надо поехать на автобусе № 7, потом пересесть на метро и ехать до остановки «Парк».

어휘 пересесть 갈아타다

회화 2

Track 13-2

А: Извините, вы не скажете, как добраться до стадиона?

Б: До стадиона? Поезжайте сначала на автобусе № 5 до остановки «Дом книги», потом вам надо пересесть на метро и ехать до остановки «Площадь мира».

А: Как долго надо ехать на автобусе?

Б: Недолго, минут 10.

А: А на метро?

Б: Тоже недолго, минуты 3~4. Две или три остановки.

А: Скажите, а где здесь остановка автобуса?

Б: Вот видите магазин? Остановка перед ним.

А: Спасибо.

Б: Не за что.

А: 미안합니다, 경기장까지 어떻게 가는지 말해 주시지 않겠습니까?

Б: 경기장까지요? 먼저 5번 버스를 타고 '서점' 정류장까지 가시고, 그 다음 지하철로 갈아타고 '평화의 광장' 정류장까지 가세요.

А: 얼마나 오래 버스를 타고 갑니까?

Б: 잠깐이에요, 10분 정도.

А: 지하철은요?

Б: 지하철도 잠깐이에요, 3~4분 정도. 두 세 정거장.

А: 여기 버스 정류장이 어디에 있죠?

Б: 저기 가게 보이시죠? 그 앞에 있습니다.

А: 고맙습니다.

Б: 천만에요.

어휘와 표현

- 버스 번호처럼 대중 교통수단의 번호(몇 번 버스)를 이야기할 때, 다음과 같이 두 가지 방식이 있습니다.
  - Модель 1: автобус № 51 – Я еду на автобусе № 51(номер пятьдесят один)
  - Модель 2: пятьдесят первый автобус – Я еду на пятьдесят первом автобусе.

다음 문장을 한 번은 위의 모델 1 형식으로 읽고, 다음은 모델 2 형식으로 읽어 보세요.

1. Отец едет в фирму … (трамвай № 38).
2. Сейчас бабушка едет на рынок … (троллейбус № 23).
3. Скажите, пожалуйста, где здесь остановка … (автобус № 17).
4. … (автобус № 1112) ходит каждые пятнадцать минут.
5. Поезжайте … (троллейбус № 9) до остановки «Стадион».

주의하세요!

길을 가르쳐 주는 대답으로, 목적지까지 가는 가장 좋은 방법의 길 안내를 할 때, 다음과 같은 표현 방식이 있습니다.

ЛУЧШЕ + инфинитив (동사원형) / **ЛУЧШЕ + императив** (명령형)

Лучше взять такси. = Лучше возьмите такси.
택시를 타는 게 더 낫습니다.

보기와 같이 묻고 대답해 보세요.

보기

Как добраться до Сеульского вокзала?

Студент 1: Саша, как добраться до Сеульского вокзала? На автобусе или на метро?

Студент 2: а) Лучше поехать на метро, потому что сейчас на дороге пробка.
б) Лучше поезжай на метро, потому что сейчас на дороге пробка.

1. Как добраться до стадиона? На машине или на метро?
2. Что делать завтра? Поехать на море или пойти в бассейн?
3. Где пообедать? В кафе «Лотос» или в кафе «Лето»?
4. Что приготовить на ужин? Рыбу или курицу?
5. Какой мяч подарить Юрию? Футбольный или баскетбольный?

어휘 пробка 교통 체증 лотос 연꽃

다음 대화를 읽고 간접화법으로 대화 내용을 다시 전달해 보세요.

Лена: Нина, где здесь аптека?

Нина: Аптека недалеко, около кафе «Звезда».

Лена: Я не знаю, где находится это кафе.

Нина: Ты видишь остановку автобуса?

Лена: Да, вижу.

Нина: Кафе находится рядом с остановкой, а аптека – слева от кафе. А что случилось? Почему ты идёшь в аптеку?

Лена: Я хочу купить лекарство, потому что у меня сильно болит горло.

그림을 보고 아래 단어와 표현을 써서 다음 질문에 대답해 보세요.

На картинке вы видите молодых людей. Как вы думаете, кто они? Где они находятся и почему? Встретились ли они?

Придумайте небольшой рассказ, используйте слова:

1. 나가는 곳, 출구 9: выход № 9
2. 데이트: свидание
   데이트 초대하다: приглашать – пригласить (кого?) на свидание (когда?)
   Иван пригласил Веру на свидание.
3. 만나기로 약속하다: договориться встретиться (где?) (когда?)
   Иван и Вера договорились встретиться около кинотеатра в 6 часов.

주어진 질문에 대답해 보세요.

1. Света, я ждала тебя вчера в парке целый час, почему ты не пришла?

____

2. Скажите, пожалуйста, как добраться до аквапарка?

____

3. У нас мало времени. Я думаю, что лучше поехать в театр на такси. Почему ты не хочешь?

____

자습 과제

자습과제로 부록에 있는 생격(소유격) 표를 익혀 봅시다.

괄호 안 단어를 알맞은 형태로 바꾸어 쓰세요.

1. Вчера __________ (старшая сестра) был день рождения, друзья подарили ей много __________ (подарок) и много __________ (цветы).

2. На столе 3 __________ (книга), 5 __________ (тетрадь), несколько __________ (ручка и карандаш).

3. __________ (этот старый дедушка) болят __________ (нога), мы желаем ему __________ (здоровье).

4. Я пью чай без __________ (сахар и лимон).

5. Сколько __________ (лекция) сегодня __________ (ты)?

6. В нашем городе много __________ (старинная церковь), __________ (красивое здание), __________ (широкая площадь).

러시아 문화 알아보기

러시아의 도시 대중교통

Городской общественный транспорт в России

러시아에서 널리 사용되는 교통수단은 자동차인데 개인 자동차와 함께 대중 자동차도 널리 보급되어 있습니다. 하지만 대도시 시민들은 러시아의 지하철을 자랑스러워합니다. 러시아 최대 도시인 모스크바와 상트-페테르부르크의 지하철은 아주 아름답고 편리하기로 유명한데요. 각각의 지하철역은 독특한 스타일로 꾸며져 있고 많은 역들이 모자이크와 착색 유리, 음양각으로 장식되어 있습니다. 모스크바 시민들은 자신들의 지하철을 «подземный дворец»(지하 궁전)이라고 부릅니다. 여행사들은 유명하고 아름다운 모스크바 지하철역 관람 프로그램을 운영하기도 하는데 지하철은 노보시비르스크, 사마라, 예카테린부르그, 카잔, 니즈니 노브고로드 도시에서도 많이 이용됩니다.

지하철과 함께 시민들은 버스, 무궤도전차(троллейбус), 궤도전차(трамвай)를 이용합니다. 첫 궤도전차는 1899년에 모스크바에서 생산되었고 첫 무궤도전차는 1902년에 상트-페테르부르크에서 선보였습니다. 전기를 사용하는 무궤도전차와 궤도전차가 등장했을 때 사람들의 관심을 많이 받으면서 여러 도시에서 이용지가 많았지만 불편함으로 인해 지금은 점점 사라지고 있는 추세입니다.

강가에 위치한 도시에서는 작은 배(수상 택시)도 대중 교통수단으로서 운항되는데요. 이 배들은 정해진 길과 정류장이 있어서 «речной трамвай»(강 위의 궤도전차)로도 불립니다. 산을 끼고 있는 소치와 블라디보스토크 도시에서는 궤도전차의 다른 형태인 фуникулёр(케이블카)도 대중 교통수단으로 사용되고 있습니다.

제 14 과

В КАКОЕ ВРЕМЯ ИДЁТ СЕРИАЛ «СТУДЕНТЫ»?

몇 시에 연속극 '학생들'이 방송되지?

핵심 표현

- Эта программа идёт с двух до трёх тридцати.
  이 프로그램은 2시부터 3시 30분까지 진행됩니다.
- Я подрабатываю три раза в неделю с четырёх до семи.
  나는 일주일에 세 번, 네 시부터 일곱 시까지 아르바이트합니다.

여러분은 이미 다양한 시간 표현에 대해 배웠습니다. 아래와 같은 형태의 질문에 익숙하죠?

КОГДА…? (언제)

В КАКОЕ ВРЕМЯ…? (어느 시간에)

КАК ДОЛГО? (얼마나 오랫동안)

위 질문에 대한 대답으로 시간의 일정 부분을 표현해야 할 상황이 벌어집니다.

이 과에서는 시간의 일정 부분을 어떻게 말해야 하는지에 대해서 알아보겠습니다.

С… ДО…

시간의 일부분(조각)을 나타낼 때 수량을 나타내는 숫자(수사)가 전치사 С… ДО…와 함께 쓰이며 생격으로 표현됩니다. 지금까지 여러분은 수량의 주격을 배웠는데 이제 수량의 생격(소유격)을 알아보겠습니다.

	주격	С…생격 / ДО…생격		주격	С…생격 / ДО…생격
1	час	ча́са (ча́су)	11	оди́ннадцать	оди́ннадцати
2	два	двух	12	двена́дцать	двена́дцати
3	три	трёх	15	пятна́дцать	пятна́дцати
4	четы́ре	четырёх	20	два́дцать	двадцати́
5	пять	пяти́	25	два́дцать пять	двадцати́ пяти́
6	шесть	шести́	30	три́дцать	тридцати́
7	семь	семи́	35	три́дцать пять	тридцати́ пяти́
8	во́семь	восьми́	40	со́рок	сорока́
9	де́вять	девяти́	50	пятьдеся́т	пяти́десяти
10	де́сять	десяти́			

Я слушаю лекции с девяти до четырёх.
나는 9시부터 4시까지 강의를 듣습니다.

Мы обедаем с двенадцати тридцати до часу десяти.
우리는 12시 30분부터 1시 10분까지 점심을 먹습니다.

주의하세요!

시간에 대해 이야기할 때 수사 ОДИН이 들어갈 경우 ОДИН은 보통 쓰지 않습니다. 한 시(간)라고 할 때 ОДИН ЧАС라고 쓰기보다 그냥 ЧАС라고 씁니다. 또한 명사 ЧАС를 이용하여 시간의 일부분을 이야기할 때는 명사 ЧАС는 생격 요구 전치사 'С… ДО…'와 같이 쓰이면서 С ЧАСА / ДО ЧАСА (1시부터 / 1시까지)처럼 생격으로 사용됩니다. (옛날에 쓰던 생격의 어미 -У를 써서 С ЧАСУ / ДО ЧАСУ라고 쓰기도 합니다.)

연습문제 1

전치사 С… ДО…를 사용하여 질문에 답해 보세요.

1. Когда ты делаешь домашнее задание?

____

2. Как долго ты вчера играл в компьютерные игры?

____

3. В какое время ты обычно занимаешься плаванием?

____

4. Как долго ты завтра будешь заниматься в библиотеке?

____

5. Когда ты обычно спишь?

____

6. Как долго сестра вчера мыла посуду?

____

7. Как долго младший брат рисовал?

____

연습문제 2

다음 **보기**와 같이 어제 어느 시간에 무엇을 하였는지 말해 보세요.

보기

Вчера я встал в 7 часов. С семи до семи двадцати я умывался, потом с семи двадцати до семи пятидесяти завтракал.

____

____

____

____

____

다음에 적힌 내일의 방송 프로그램을 보고, 보고 싶은 프로그램이 무엇인지, 그것이(영화 또는 기타 등등) 내일 몇 시부터 몇 시까지 방영되는 것인지 보기와 같이 말해 주세요.

보기

Я хотел(а) бы посмотреть сериал «Студенты». Он будет (идти) завтра с десяти пятидесяти до двенадцати ноль пяти.

ТЕЛЕВИЗИОННАЯ ПРОГРАММА

7:00 - Новости
7:15 - фильм «Соседи»
8:45 - Программа «Вкусные истории»
9:00 - Программа «Музыка из Петербурга»
9:45 - Мультфильмы
10:00 - Новости
10:20 - Детская программа «Я читаю сам»
10:50 - Сериал «Студенты»
12:05 - Программа «Спорт-экспресс»
12:35 - балет «Золушка»
15:10 - Программа «Ваше здоровье»
15:50 - Программа «Человек и закон»
16:25 - Программа «Футбольная Европа»
17:00 - Новости
17:20 - Телеигра «Кто хочет стать миллионером?»
18:30 - Ток-шоу «Все говорят...»
19:45 - Сериал «Весенний дождь»
22:00 - Программа «Время»
23:00 - Концерт группы «Машина времени»

어휘 ноль 숫자 0 мультфильм 만화 Золушка 신데렐라 машина времени 타임 머신

다음 질문에 대답해 보세요.

1. Какая программа тебе больше всего нравится? Почему? Когда она идёт?

______

2. Какой сериал тебе нравится? Почему? В какое время он идёт?

______

3. Ты не знаешь, где здесь спортивный магазин?

______

4. Ты не знаешь, как добраться до Сеульского университета?

______

5. Где ты была вчера с четырёх до шести? Я звонила тебе несколько раз, но ты так и не ответила.

______

회화 1

Лена: Привет, Наташа! Месяца два не видела тебя. Что случилось?

Наташа: Привет, Лена! Ничего не случилось. Просто в последнее время я очень занята, потому что я начала подрабатывать.

Лена: Где? Кем?

Наташа: В магазине детской одежды, продавцом.

Лена: Сколько раз в неделю?

Наташа: Три раза в неделю: в понедельник, среду и пятницу.

Лена: В какое время?

Наташа: С четырёх до семи.

Лена: И сколько ты получаешь?

Наташа: 4000 (четыре тысячи) рублей в месяц.

Лена: Мне тоже надо подрабатывать, потому что неудобно (=стыдно) брать деньги у родителей.

레나: 안녕, 나타샤! 두 달 정도 못 봤네. 무슨 일 있어?

나타샤: 안녕, 레나! 아무 일도 없어. 그냥 최근에 아르바이트를 시작해서 많이 바빴어.

레나: 어디서? 무슨 일하니?

나타샤: 아이들 옷가게에서 점원으로 일해.

레나: 일주일에 몇 번 일하니?

나타샤: 일주일에 세 번. 월, 수, 금요일이야.

레나: 어느 시간에?

나타샤: 네 시부터 일곱 시까지.

레나: 얼마 받아?

나타샤: 한 달에 4000루블이야.

레나: 나도 아르바이트해야 하는데, 부모님 돈 받기가 불편해서.

어휘와 표현

- **неудобный** 불편하다, 곤란하다 **стыдный** 부끄럽다, 창피하다
- 시간의 표현에 유용하게 쓰일 상황을 하나 더 알아보겠습니다. 요즘 많은 사람들이 아르바이트를 합니다. 용돈 벌이로, 부업으로, 생업으로 하루나 일주일에 몇 시간씩 일을 합니다.
  - Я начала подрабатывать. 나는 용돈 벌이(아르바이트, 부업)를 시작했습니다.
- **подрабатывать** (НСВ) – (кем? где?) 돈을 좀 벌다
  - Отец работает экономистом в банке.
  - Мила подрабатывает продавцом в магазине.
  - Сергей подрабатывает официантом в ресторане.
  - В прошлом году Соня подрабатывала официанткой в кафе.

연습문제 5

[회화 1]을 읽고 당신이 레나라고 가정합니다. 왜 나타샤가 최근에 바빴는지 자세히 말해 보세요.

회화 2

Track 14-2

А: Алло! Фирма «Восток-плюс». Добрый день!

Б: Здравствуйте, я прочитал в газете объявление, что вашей фирме нужен переводчик.

А: Да-да. Всё правильно.

Б: У меня есть несколько вопросов. Можно задать их сейчас?

А: Да, пожалуйста, спрашивайте.

Б: Когда начинается и кончается рабочий день?

А: Мы работаем с девяти до шести.

Б: А когда обеденный перерыв?

А: Обед с часа до двух.

Б: Суббота рабочая?

А: Нет, суббота и воскресенье – нерабочие дни.

Б: А какая зарплата у переводчика?

А: 20 тысяч рублей в месяц.

Б: Понятно. Скажите, когда будет собеседование?

А: В пятницу в 10 часов вам удобно?

Б: Да, удобно.

А: Тогда мы ждём вас в пятницу.

А: 여보세요! '동방-플러스' 회사입니다. 안녕하세요!

Б: 안녕하십니까, 귀사에서 통번역사가 필요하다고 신문에서 공고를 읽었습니다.

А: 네, 네. 맞습니다.

Б: 몇 가지 질문이 있습니다. 지금 여쭤 봐도 됩니까?

А: 네, 그럼요, 물어보세요.

Б: 하루 일과는 언제 시작해서 (언제) 끝납니까?

А: 9시부터 6시까지 일합니다.

Б: 점심 (쉬는) 시간은요?

А: 점심은 1시부터 2시까지입니다.

Б: 토요일에 일합니까?

А: 아니요, 토요일과 일요일은 휴일입니다.

Б: 통번역사 월급은 얼마입니까?

А: 한 달에 2만 루블입니다.

Б: 알겠습니다. 언제 면접이 있나요?

А: 금요일 10시 괜찮습니까?

Б: 예, 괜찮습니다.

А: 그럼 금요일에 기다리겠습니다.

어휘와 표현

- рабочий день

1) 하루(1일) 중에 일하는 전체 시간

- Когда начинается рабочий день?
  - В 9 часов.
- Какой у тебя рабочий день?
  - С девяти до шести.

2) 주말이나 휴일(выходной день, нерабочий день)과 달리 일하러 가야 하는 하루(일하는 날)

- В нашей компании суббота и воскресенье – нерабочие дни/выходные дни.
- В вашей фирме суббота рабочая?

- обеденный перерыв

점심 때 쉬는 시간을 의미하는 «обеденный перерыв»을 러시아에서는 간단히 명사로 점심 «обед»이라고도 합니다.

- Обеденный перерыв с двенадцати до часа.
- Обед с двенадцати до часа.

아래의 신문 공고를 보고 대화를 이어 가세요.

Студент 1: Вы хотите работать в… (позвоните и спросите всё об этой работе)
Студент 2: Вы работаете в… (ответьте на вопросы о работе)

кафе «Русский дом» ул. Коперника, 18 тел. 25-08-99	приглашает на работу - повара - официанта
фирма «БИЗНЕСТУР» Площадь мира, 23 тел. 23-15-67	приглашает на работу - секретаря
детский сад «РОДНИК» ул. Толстого, 12 тел.45-67-98	приглашает на работу - преподавателей английского языка, музыки

다음 문장을 간접화법으로 바꾸어 말해 보세요.

1. Лариса сказала: «Я сегодня не пойду в парк».

   → ______

2. Отец сказал сыну: «Вернись домой до 12 часов».

   → ______

3. Мы спросили Виктора: «Как зовут твоего брата?»

   → ______

4. Профессор спрашивает студента: «Вы **говорите** по-английски?»

   → ______

5. Студенты сказали: «Мы не сделали домашнее задание».

   → ______

6. Вера спросила Антона: «Где твой портфель?»

   → ______

7. Мама сказала нам: «Обязательно поезжайте летом в деревню».

   → ______

8. Мила спросила Свету: «Ты **хочешь** поехать в Пусан?»

   → ______

9. Виктор спросил друга: «О чём ты думаешь?»

   → ______

10. Преподаватель спросил Антона: «Вам **нравится** изучать русский язык?»

    → ______

11. Соня попросила: «Виктор, помоги мне, пожалуйста».

    → ______

다음 질문에 대답해 보세요.

1. В последнее время ты очень занят (занята)? Почему?

   → ______________________________

2. Ты начал подрабатывать? Но, я думаю, что это мешает тебе учиться.

   → ______________________________

3. Где ты подрабатываешь? Почему ты решил работать там?

   → ______________________________

4. Тебе нравится твоя работа? Почему?

   → ______________________________

5. Какой у тебя рабочий день?

   → ______________________________

6. Какую зарплату ты получаешь?

   → ______________________________

연습문제 9

다음 문장을 완성해 보세요.

1. Я советую тебе посмотреть ______________________________.
2. Сериал «Большие проблемы» идёт ______________________________.
3. Больше всего мне нравится ______________________________.
4. Мне нужны деньги, потому что ______________________________.
5. Мне нужны деньги, поэтому ______________________________.
6. Ты не должен ______________________________.
7. Я подрабатываю в ______________ с __________ до __________.
8. В какое время ______________________________?
9. Сестра попросила ______________________________.
10. Виктор попросил, чтобы ______________________________.
11. Света сказала, что ______________________________.
12. Юрий спросил, у кого ______________________________.

자습과제로 〈부록〉에 있는 조격표를 익혀 봅시다.

괄호 안 단어를 알맞은 형태로 바꾸어 쓰세요. 전치사가 필요한 곳에는 전치사를 넣으세요.

1. Вчера в парке мы встретились ____________________(знакомые русские студенты), мы поздоровались ____________________(они) и спросили: «Как дела»?
2. Почему ты поссорилась ____________________(своя самая хорошая подруга)? Я советую тебе помириться ____________________(она).
3. Когда Маша и Катя были ____________________(маленькие), родители помогали им, но они уже стали ____________________(взрослые) и помогают родителям.
4. Брат окончил магистратуру и начал работать ____________________(учитель) в школе, но он хочет стать ____________________(профессор), поэтому поступил в аспирантуру.
5. Соня переписывается ____________________(старшая сестра), которая живёт в другом городе и советуется ____________________(она).
6. Вадим дружит ____________________(симпатичная девушка), ____________________(которая) он познакомился в университете.

어휘 поссориться 다투다 помириться 화해하다 магистратура 석사 과정 аспирантура 박사 과정

러시아 문화 알아보기

러시아 국민들과 텔레비전

Россияне и телевидение

최근의 설문 조사 결과는 텔레비전을 보는 러시아 국민의 수가 매년 감소하고 있음을 보여 줍니다. 청년의 1/3과 나이 든 사람의 4/5만이 매일 텔레비전을 보고 청년들의 15%는 아예 TV 시청을 안 하는 것으로 밝혀졌습니다.

러시아 국민이 자주 보는 프로그램으로는 첫 번째가 뉴스이고, 다음으로 영화, 예능(오락), 연속극(드라마), 스포츠, 토크쇼, 공연, 교육 순입니다.

러시아에서는 영화에 관한 관심이 높은 편이어서 러시아 국민 81%는 일주일에 최소한 1번 이상 TV로 영화를 보는 편입니다. 사람들이 선호하는 영화는 단연 소비에트 시절의 영화(영화가 제작되기 시작한 1922년부터 소련이 붕괴되던 1991년까지의 영화)이고 그 다음으로 소련 붕괴 후 현재까지의 러시아 영화, 외국 영화 순입니다.

응답자들의 견해에 따르면, 러시아 사람들이 소비에트 영화를 좋아하는 이유는 내용이 선하고 다정하며 따뜻하기 때문이라고 하고 외국 영화를 좋아하는 이유는 특수효과도 많고 내용과 장면이 더 흥미진진하기 때문이라고 합니다. 현대 러시아 영화는 지금 자신이 살고 있는 시대를 보여 주기 때문에 좋아한다고 합니다.

러시아 국민은 가장 좋아하는 영화 장르로 압도적으로 코미디를 뽑았습니다. 역사를 다룬 영화와 다양한 만화영화도 지속적으로 인기를 얻고 있으며 최근에는 연속극(мыльные оперы 또는 сериалы)이 큰 인기를 얻고 있습니다. 러시아에서 연속극이 처음으로 방영된 때가 1980~1990년대인데 브라질과 멕시코의 연속극이 러시아 시청자들에게 아주 큰 흥행을 일으켰고 이후 러시아 영화 제작자들이 이 장르에 관심을 갖게 되었습니다.

제 15 과

ЧЕМ ТЫ ЗАНИМАЕШЬСЯ В СВОБОДНОЕ ВРЕМЯ?

여가 시간에는 무엇을 하니?

핵심 표현

- Я занимаюсь плаванием. А ты?
  나는 수영한다. 너는?
- Я играю в бадминтон.
  나는 배드민턴해.

여가 시간에 하는 다양한 취미 활동과 운동에 관련된 표현을 배우겠습니다. 웰빙 시대를 맞아 잘 먹고 잘 놀고 잘 쉬면서 현대병인 스트레스를 날려 버리는 적절한 휴식과 활동은 육체와 정신 건강에 많은 도움을 줄 것입니다.

ИГРАТЬ, ЗАНИМАТЬСЯ, УВЛЕКАТЬСЯ

취미에 관해 이야기할 때 **ИГРАТЬ, ЗАНИМАТЬСЯ, УВЛЕКАТЬСЯ** 동사를 씁니다. 공, 아이스하키 공(퍽), 셔틀콕 등 다양한 형태의 부속품(기구)이 필요하고 팀을 이뤄 경쟁(팀 경기)하는 것을 '놀이 형태의 운동(**ИГРОВЫЕ ВИДЫ СПОРТА**)'이라고 지칭하는데 이러한 '놀이 형태의 운동'에 세 동사가 모두 쓰입니다.

1 ИГРАТЬ / ЗАНИМАТЬСЯ / УВЛЕКАТЬСЯ

бадминтон 배드민턴
баскетбол 농구
бейсбол 야구
волейбол 배구
гандбол 핸드볼
гольф 골프
теннис 테니스
настольный теннис 탁구
футбол 축구
хоккей 하키

\+ 1. ИГРАТЬ (во что?)
2. ЗАНИМАТЬСЯ (чем?)
3. УВЛЕКАТЬСЯ (чем?)

- **Я играю в теннис.** 나는 테니스를 한다.
- **Я занимаюсь теннисом.** 나는 테니스를 친다.
- **Я увлекаюсь теннисом.** 나는 테니스를 좋아한다.

그런데 **ИГРАТЬ** 동사는 위의 **'놀이 형태의 운동'**에만 사용되고 그 외의 다른 운동에는 사용되지 않습니다. 즉 운동 관련 **ИГРАТЬ** 동사는 다른 두 동사 **ЗАНИМАТЬСЯ, УВЛЕКАТЬСЯ**와는 달리, '놀이 형태의 운동'에만 적용되는 제한적 동사입니다.

'놀이 형태의 운동' 이외의 다른 운동 종목이나 운동이라기보다 취미에 해당되는 것에는 **ИГРАТЬ** 동사를 쓰지 않고, **ЗАНИМАТЬСЯ, УВЛЕКАТЬСЯ** 두 동사만 사용합니다.

2 ЗАНИМАТЬСЯ / УВЛЕКАТЬСЯ

аэробика 에어로빅
бег 달리기
дзюдо 유도
самбо 삼보(유도와 레슬링의 요소가 가미된 격투기의 일종)
тхэквондо 태권도

коньки 스케이트
лыжи 스키
фигурное катание 피겨 스케이팅
плавание 수영

музыка 음악
пение 노래
танцы 춤
живопись 회화

- Сергей занимается плаванием. / Сергей увлекается плаванием.
- Юля занимается танцами. / Юля увлекается танцами.

주의하세요!

ДЗЮДО, САМБО, ТХЭКВОНДО의 경우 격에 따른 어미 변화를 하지 않습니다.

- Брат занимается тхэквондо/дзюдо/самбо.

보기와 같이 알맞는 동사를 골라 말하고 써 보세요.

보기
Таня – теннис
→ Таня играет в теннис. Таня занимается (=увлекается) теннисом.
Антон – живопись
→ Антон занимается живописью.

1. Лариса – баскетбол ______
2. Антон – бег ______
3. Виктор – хоккей ______
4. Владимир – волейбол ______
5. Анна – пение ______
6. Андрей – шахматы ______
7. Ирина – фигурное катание ______
8. Юрий – бадминтон ______
9. Дети – футбол ______
10. Олег – тхэквондо ______

회화 1

Ирина: Что ты обычно делаешь в свободное время?

Максим: Я занимаюсь музыкой, играю в баскетбол. А чем ты занимаешься?

Ирина: Я тоже люблю спорт и музыку, занимаюсь аэробикой.

Максим: Сколько раз в неделю (ты занимаешься аэробикой)?

Ирина: Два раза в неделю, во вторник и четверг с трёх до пяти.

Максим: А где ты занимаешься?

Ирина: В студенческом клубе. А какая музыка тебе больше нравится: классическая, народная, джаз, рок, поп?

Максим: Больше всего я люблю рок, но и классическую музыку слушаю с удовольствием.

Ирина: А в баскетбол ты часто играешь? И где?

Максим: Я играю в спортивном клубе «Спартак» в среду и в пятницу с четырёх до шести.

이리나: 여가 시간에 너는 보통 뭐 하니?

막심: 나는 음악을 하고, 농구를 해. 너는 뭐 하니?

이리나: 나도 운동과 음악을 좋아해, 에어로빅을 해.

막심: 일주일에 몇 번을 (에어로빅) 하니?

이리나: 일주일에 두 번, 화요일과 목요일에, 세 시부터 다섯 시까지.

막심: 어디에서 운동하니?

이리나: 학생 클럽에서 해. 너는 클래식, 민요, 재즈, 록, 팝 중에 어떤 음악을 더 좋아하니?

막심: 무엇보다도 록 음악을 좋아하지만, 클래식 음악도 즐겨 들어.

이리나: 농구 자주 하니? 어디서 해?

막심: '스파르탁' 스포츠 클럽에서 수요일과 금요일에 네 시부터 여섯 시까지 해.

어휘와 표현

- 위 회화에서는 민요[народная (музыка)], 클래식[классическая (музыка)], 재즈(джаз), 록(рок), 팝(поп) 등 다양한 음악 장르의 명칭이 사용되었습니다. РОК과 ПОП은 МУЗЫКА와 같이 쓰여 록-음악(РОК-МУЗЫКА), 팝-음악(ПОП-МУЗЫКА)처럼 합성어로 표현될 수도 있습니다.

보기와 같이 짧은 대화를 나누어 보세요.

보기

баскетбол / плавание – теннис / самбо

Студент 1: Что ты обычно делаешь в свободное время?

Студент 2: Я играю в баскетбол и занимаюсь плаванием. (Я занимаюсь баскетболом и плаванием.) А чем ты занимаешься?

Студент 1: Я играю в теннис и занимаюсь самбо. (Я занимаюсь теннисом и самбо.)

❶ танцы / фигурное катание – шахматы / баскетбол

❷ волейбол / живопись – плавание / бег

❸ гольф / настольный теннис – аэробика / коньки

❹ дзюдо / лыжи – бадминтон / теннис

❺ пение / хоккей – тхэквондо / гандбол

[회화 1]의 내용을 간접화법으로 다시 이야기해 보세요.

БОЛЕТЬ

болеть(아프다, 응원하다)

болеть 동사의 대표적 의미를 '아프다'라고 알고 있습니다. 하지만 이 동사는 운동 경기와 관련해서는 '응원하다'라는 의미로 쓰인다는 것을 기억하세요.

1 значение '아프다' 의미

1) 현재: болит/болят
과거: болел/болела/болело/болели

(у кого?) болит / болят (что? 주격)

이 형태에서 주어가 되는 주격의 명사는 우리 신체의 부분이라는 것을 명심하세요.

- У меня болит живот. У мамы болит голова. У Оли болит горло. У брата болят зубы.
  나는 배가 아프다. 엄마는 머리가 아프다. 올랴는 목이 아프다. 형은 이가 아프다.
- Вчера у меня болел живот. У мамы болела голова. У Оли болело горло. У брата болели зубы.
  어제 나는 배가 아팠다. 엄마는 머리가 아팠다. 올랴는 목이 아팠다. 형은 이가 아팠다.

2) 현재: я болею, ты болеешь, они болеют
과거: болел/болела/болело/болели

(кто?) болеет (чем?)

이 형태에서 조격의 명사는 독감, 후두염, 폐렴처럼 병명이 되어야 함을 주의하세요.

- Маша болеет. Маша болеет гриппом. 마샤는 아프다. 마샤는 독감으로 아프다.
- На прошлой неделе Маша не ходила в школу, она болела гриппом.
  지난주에 마샤는 학교에 가지 않았다, 그녀는 독감으로 아팠다.

2 значение '응원하다' 의미

현재: я болею, ты болеешь, они болеют
과거: болел/болела/болело/болели

(кто?) болеет (за кого?)

이 형태에서는 전치사 ЗА가 쓰이고 그 뒤에 오는 명사는 대격입니다.

- Я болею за команду «Сеул». 나는 '서울' 팀을 응원한다.

동사 БОЛЕТЬ 를 필요한 형태로 아래 문장에 넣어 말해 보세요.

1. Вчера мальчик ______________, у него была высокая температура.
2. За какую команду ты ______________?
3. У Ольги Степановны ______________ глаза.
4. Что у вас ______________?
5. Чем ты ______________?

 어휘-문법 3

ВЫИГРЫВАТЬ – ВЫИГРАТЬ
ПРОИГРЫВАТЬ – ПРОИГРАТЬ
ИГРАТЬ – СЫГРАТЬ ВНИЧЬЮ

운동 경기의 결과에 대해서 말할 때 쓰이는 동사를 알아봅시다.

1 이기다 : выигрывать – выиграть (у кого? у + 생격)

- Вчера мы с Антоном играли в теннис. Я выиграл у Антона.
  어제 나는 안톤과 테니스를 했다. 내가 안톤을 이겼다.
- Корея выиграла у Японии. Корея выиграла у Японии (со счётом) 3:2 (три два). 한국이 일본을 이겼다. 한국이 일본을 3대 2로 이겼다.

어휘 счёт 점수, 계산, 계좌

2 지다 : проигрывать – проиграть (кому? + 여격)

- Вчера Антон проиграл мне. 어제 안톤이 나에게 졌다.
- Япония проиграла Корее. Япония проиграла Корее (со счётом) 1:3.
  일본이 한국에 졌다. 일본이 한국에 1 대 3으로 졌다.

3 비기다 : играть – сыграть вничью (с кем? с + 조격)

- Вчера мы с Антоном играли в шахматы. Мы сыграли вничью.
  어제 나와 안톤은 체스를 두었다. 우리는 서로 비겼다.
- Корея и Китай сыграли вничью. Корея и Китай сыграли вничью (со счётом) 1:1. 한국과 중국은 서로 비겼다. 한국과 중국은 1 대 1 무승부로 경기를 마쳤다.

어휘 вничью 무승부로, 동점으로

주의하세요!

- Команда «Спартак» выиграла у команды «Смена».
  '스파르탁' 팀이 '스메나' 팀을 이겼다.
- «Спартак» выиграл у «Смены». '스파르탁'은 '스메나'에 이겼다.

첫 번째 문장에서 КОМАНДА «СПАРТАК», КОМАНДА «СМЕНА»의 두 단어 결합에서 중요한 단어는 КОМАНДА입니다. КОМАНДА는 주어로서 동사의 형태(여성 주어에 따른 동사의 여성형)를 결정하고 있고, КОМАНДА 덕분에 «Спартак»이나 «Смена»라는 팀의 이름은 주격으로 격변화 없이 사용되고 있습니다.

- Команда «Спартак» выиграла у команды «Смена».

두 번째 문장에서는 КОМАНДА 단어가 없이 바로 팀 명이 쓰였습니다. КОМАНДА 단어 없이 바로 팀 명만 쓴다면 팀 명이 중요한 단어가 되고 동사의 형태(문법)를 결정합니다. 그리고 팀 명은 일반 명사처럼 필요한 경우 격변화를 합니다.

«Спартак» выиграл у «Смены».

예문을 하나 더 보겠습니다.

Я прочитал в журнале «Новое время» интересную статью.

Я прочитал в «Новом времени» интересную статью.

보기와 같이 경기 결과를 말해 보세요.

보기

«Спартак» – «Динамо» 3:2

Команда «Спартак» выиграла у команды «Динамо» (со счётом) 3:2.

Команда «Динамо» проиграла команде «Спартак» (со счётом) 2:3.

1. Япония – Китай 4:1

____

____

2. «Самсунг» – «Дэу» 2:2

____

____

3. Америка – Канада 79:81

____

____

회화 2

Track 15-2

Юрий: Что ты делал вчера?

Игорь: Ходил в спортклуб, смотрел баскетбольный матч.

Юрий: Кто играл?

Игорь: «Смена» и «Спартак».

Юрий: За кого ты болел?

Игорь: За «Смену». Я думаю, что это самая сильная команда в нашем городе.

Юрий: Ну и как они сыграли?

Игорь: «Смена» выиграла у «Спартака» (со счётом) 64 : 58.

Юрий: Если я не ошибаюсь, в прошлом месяце «Спартак» выиграл у «Смены».

Игорь: Да, всё правильно. Но тогда болел и не играл капитан команды – самый сильный игрок. Наверное, поэтому «Смена» проиграла «Спартаку» в тот раз.

Юрий: Может, ты прав. Давай в следующий раз вместе пойдём на матч «Смены».

유리: 어제 뭐 했니?

이고르: 스포츠클럽에 다녀왔어, 농구 경기를 봤어.

유리: 누구(어느 팀) 경기였는데?

이고르: '스메나'와 '스파르탁'.

유리: 누구를 응원했어?

이고르: '스메나'팀 응원했지, 우리 도시에서 제일 강한 팀이라고 생각해.

유리: 어떻게 됐는데?

이고르: '스메나'가 '스파르탁'을 64 대 58로 이겼어.

유리: 내가 맞다면, 지난달에 '스파르탁'이 '스메나'를 이겼지.

이고르: 그래, 맞아. 그런데 그때는 팀 주장인 제일 잘하는 선수가 아파서 뛰지 못했어. 아마도, 그래서 '스메나'가 그때 '스파르탁'에 졌지.

유리: 네 생각이 맞을 거야. 다음에 '스메나' 경기에 같이 가자.

어휘와 표현

- **спортклуб**(스포츠 클럽) = **спортивный клуб**
- **матч**(경기): 보통 형용사와 같이 쓰입니다.
  футбольный матч, баскетбольный матч, волейбольный матч, бейсбольный матч, хоккейный матч
  *축구 경기를 **матч футбола**라고 하면 틀린 표현입니다.
- **сильный** 힘센, 강한
  최고의 기술과 뛰어난 경기력을 지닌 선수나 팀을 표현할 때 씁니다.
  - **сильная команда** 강한 팀
  - **сильный игрок** 강한 선수

- **Если я не ошибаюсь…(ошибаться НСВ – ошибиться СВ)** 내가 틀리지 않는다면
  말하는 사람이 자신의 주장이나 의견에 확신이 서지 않을 때 쓰는 표현입니다.

연습문제 6 다음 물음에 답하세요.

A) [회화 2]의 내용에 맞게 다음 문장을 완성해 보세요.

1. Вчера Игорь ходил ________________, он смотрел ________________.
2. Он болел за ________________, которая играла с ________________.
3. «Смена» выиграла ________________ со счётом ________________.
4. Юрий сказал, что в прошлом месяце ________________.
5. Игорь сказал, что тогда болел ________________.
6. Юрий предложил Игорю ________________.

Б) 만약 위의 답을 맞게 썼다면 짧은 단문이 완성되었을 겁니다. 완성된 전체 단문을 한번 읽어 보세요. 그 다음 책을 보지 말고 기억에 의존하여 그 내용을 다시 이야기해 보세요.

연습문제 7 다음 질문에 대답해 보세요.

1. Чем ты занимаешься в свободное время?
   → ________________
2. Во что ты играешь?
   → ________________
3. На чём ты играешь?
   → ________________
4. Почему ты не занимаешься спортом?
   → ________________
5. Все твои друзья играют в баскетбол, а почему ты не играешь?
   → ________________

6 Что болит у дедушки?

→ ______

7 Чем болеет твоя младшая сестра?

→ ______

8 Ты сказал(а), что любишь футбол. А за какую команду ты болеешь?

→ ______

9 Как вчера сыграли бейсбольные команды университета Корё и Ёнсе?

→ ______

10 Больше всего я люблю джаз. А ты?

→ ______

연습문제 8 다음 주어진 문장과 관련하여 그 뒷이야기를 이어 쓰세요.

А)

1 Маше нравится аэробика и настольный теннис.

2 ______

3 ______

4 ______

Б)

1 Вчера Сергей и Павел ходили на стадион.

2 ______

3 ______

4 ______

러시아 문화 알아보기

러시아에서 가장 인기 있는 운동 종목

Самые популярные в России виды спорта

러시아는 스포츠를 아주 좋아합니다. 인기 있는 스포츠 종목 10가지를 알아보겠습니다.

먼저 축구입니다. 많은 러시아 사람들은 여가 시간에 TV로 축구 경기를 보거나 친구들과 축구를 합니다. 축구에 열광하는 팬들은 경기장에서 경기를 직접 관람하죠.

두 번째는 아이스하키입니다. 러시아는 겨울 스포츠 강국입니다. 축구와 달리 하키는 세계 최상급 수준이고 유명 선수들이 많습니다. 하키에 대해서만큼은 자부심과 열광도가 아주 높습니다.

세 번째와 네 번째로 좋아하는 배구와 농구는 프로선수뿐만 아니라 일반인도 모두 다 같이 즐길 수 있는 운동입니다. 여름을 좋아하는 사람들은 바닷가 백사장에서 해변 배구를 즐깁니다. 농구는 세계적으로 많은 사람들이 좋아하는 종목이죠.

육상이 다섯 번째입니다. 동네 주변을 산책하는 사람들이 많고 아침저녁으로 건강을 위해 뛰는 사람들을 자주 볼 수 있습니다.

여섯 번째는 스키입니다. 러시아 겨울은 길고 눈이 많이 내립니다. 산책과 달리기가 눈이 쌓인 겨울에는 걷고 달리는 스키가 됩니다.

일곱 번째로 인기 많은 권투는 몇 십 년 전에 러시아에서 아주 인기가 많았습니다. 여자보다는 남자들이 좋아하는 종목입니다.

스케이트는 18세기 초 유럽에서 러시아로 전해져서 점증적으로 인기를 얻어 왔습니다. 러시아 사람들은 경주보다는 피겨 스케이팅을 더 선호합니다.

아홉 번째는 1896년에 올림픽 종목으로 채택된 테니스이고 열 번째는 두뇌 운동인 체스입니다. 8~9세기에 동방으로부터 고대 러시아에 유입된 체스는 귀족뿐 아니라 수공업자, 상인, 군인들이 즐겨 두었습니다. 체스 세계 챔피언의 반 이상이 러시아 출신입니다.

제 16 과

КАКИЕ У ТЕБЯ ПЛАНЫ НА СУББОТУ?

토요일 계획은 무엇이니?

핵심 표현

- Какие у тебя планы на субботу?
  너의 토요일 계획은 무엇이니?
- В субботу я поеду на море.
  토요일에 나는 바다에 갈 거야.

우리는 미래에 대한 계획을 세우고 실천해 갑니다. 크게는 인생 전반에 관한 계획이 있을 수 있고 작게는 내일이나 주말 계획이 있겠죠. 여가를 즐길 수 있는 이번 주말에 어떤 취미나 문화 생활을 계획하고 계십니까?

ПЛАНЫ НА ЧТО?

앞으로의(미래의) 어느 시간에 무엇에 대한 계획을 이야기할 때 다음과 같은 시간 표현이 사용됩니다.

планы на + 대격 **(на какое время)**

планы на субботу
воскресенье
выходные
каникулы
вечер
лето

- Какие у тебя планы на субботу? 너의 토요일 계획은 어떤 거니?
- У тебя уже есть планы на выходные? 너는 주말 계획이 벌써 (서) 있니?

주의하세요!

위 형식을 여러분이 지금껏 배운 의문사 КОГДА를 써서 물어봤을 때 대답으로 나온 전치사 В + 대격, 전치사 НА + 전치격, 명사 조격의 시간 표현(언제, 어느 때)과 혼동하지 마세요.

- В субботу мы поедем на море.
  -Когда вы поедете на море?
  - В субботу.
- Мы с друзьями играем в баскетбол в выходные дни.
  -Когда вы играете в баскетбол?
  - В выходные дни.
- На каникулах Соня ездила в деревню к бабушке.
  -Когда Соня ездила к бабушке?
  - На каникулах.
- Я позвоню Наташе вечером.
  -Когда ты позвонишь Наташе?
  - Вечером.
- Летом я занимался английским языком.
  -Когда ты занимался английский языком?
  - Летом.

회화 1

Track 16-1

Юля: Ваня, какие у тебя планы на субботу?

Ваня: Пока никаких. А что?

Юля: Давай пойдём в субботу в Большой театр на балет «Золушка».

Ваня: Нет, Юля, я не люблю балет, потому что не понимаю классическую музыку. Лучше давай пойдём в кино.

Юля: В кино? А на какой фильм?

Ваня: «Дракула возвращается».

Юля: Ой, нет, я ненавижу фильмы ужасов. Если ты хочешь пойти в кино, тогда давай посмотрим комедию.

Ваня: Хорошо, в кинотеатре «Звезда» идёт комедия «Сумасшедший день».

Юля: Вот и отлично. Я слышала, что это очень весёлый фильм, и в нём играют известные актёры. С удовольствием пойду!

Ваня: Тогда я заранее куплю билеты.

Юля: Хорошо. Договорились.

율랴: 바냐, 토요일에 무슨 계획 있니?

바냐: 아직 없어. 왜?

율랴: 토요일에 볼쇼이 극장에 '신데렐라' 발레 보러 가자.

바냐: 율랴, 안 돼, 나는 클래식 음악을 이해 못해서 발레를 안 좋아해. 영화 보러 가자.

율랴: 영화? 어떤 영화 보러?

바냐: '드라큘라의 귀환'.

율랴: 오, 안돼, 나는 공포 영화 싫어. 영화 보고 싶다면, 코미디 보자.

바냐: 좋아, '스타' 극장에서 '미친 하루'라는 코미디가 상영 중이야.

율랴: 응, 아주 좋아. 그 영화 아주 재미있고 유명 배우들이 출연한다고 들었어. 기꺼이 보러 가야지.

바냐: 그러면 내가 미리 예매할게.

율랴: 좋아. 약속했다.

어휘와 표현

- фильм ужасов 공포 영화
- комедия 코미디
- сумасшедший 미친
- сойти с ума 미치다
- заранее 미리, 사전에

- **Пока никаких:** 아직 아무 것도 (없어)
  → 이 구문을 완전한 문장으로 바꾸면 다음과 같습니다.
  | **У меня пока нет никаких планов.** 나에게는 아직 아무런 계획이 없다.

- **играть (в фильме)** (영화에서) 역할을 맡다, 연기하다
  | **В этом фильме играет известный актёр/известная актриса.**
  이 영화에는 유명한 남자 배우/유명한 여자 배우가 연기한다.

다음 질문에 대답해 보세요.

1. Ваня не любит балет, а вы любите? Понимаете ли вы классическую музыку?

   ____

2. Вы сказали, что уже посмотрели балет «Золушка». Вы посмотрели его в театре или по телевизору? Понравился ли вам этот балет?

   ____

3. Юля не хочет смотреть фильм «Дракула возвращается», а вам нравятся фильмы ужасов? Почему?

   ____

4. Юля и Ваня пойдут в кинотеатр «Звезда» на комедию «Сумасшедший день». А вам нравятся комедии? Почему?

   ____

과제를 읽고 수행하세요.

A) 친구들이 토요일에 무엇을 할지 의논하고 있습니다. Ваня는 영화를 보러 가자 하고 Олег는 경기장에, 그리고 Антон은 바닷가에 가자고 제안합니다. 제시된 대화를 읽고 그 결론을 상상해 보세요. 이 친구들이 토요일에 어디로 갈 것 같습니까?

Ваня: У вас уже есть планы на субботу?

Олег: Пока нет. А что?

Ваня: В кинотеатре «Космос» идёт новый фильм «Встреча». Давайте пойдём в кино.

Олег: Я уже посмотрел этот фильм, он неинтересный. Лучше давайте пойдем на стадион на матч «Зенит» - «Луч».

Антон: Стоит такая замечательная погода! Лучше давайте поедем на море. А матч мы сможем посмотреть по телевизору.

어휘 зенит 천정, 정점 луч 광선

Б) 다음의 제시된 장소들로 위와 비슷한 대화를 만들어 보세요. 가고 싶은 곳으로 서로서로를 초대해 보세요.

1	цирк	опера	музей, выставка «Русское искусство»
2	театр	дискотека	парк
3	кинотеатр	бассейн	фотовыставка «Милые собаки»
4	стадион	сауна	концерт классической музыки
5	балет	бар-караоке	выставка автомобилей

영화, 연극 관련 표현

관람한 영화나 연극에 대해 이야기할 때 그것에 대한 감상뿐 아니라 역할을 맡았던 배우, 출품을 맡았던 감독, 음악 등에 대해서 다양하게 이야기를 나눌 수 있습니다. 영화나 연극에 관한 토론을 할 경우, 다음의 단어와 문장 형태를 잘 읽고 기억하시기 바랍니다.

1 감독 : режиссёр

- Режиссёр Никита Михалков снял новый фильм.
  니키타 미할코프 감독은 새 영화를 만들었다(촬영했다).
- Режиссёр Марк Захаров поставил новый спектакль.
  마르크 자하로프 감독은 새 연극을 무대에 올렸다(상연했다).

2 배우 : актёр, актриса

이와 유사한 단어로 라틴어 artista에서 유래한 артист, артистка가 있습니다.

3 영화/연극에서 역할을 맡다 : играть в фильме/в спектакле

- В этом фильме/в спектакле играют известные актёры.
  이 영화/연극에서 유명한 배우들이 연기한다.
- Кто играет в этом фильме? 이 영화에서 누가 역할을 맡았어요?

4 역할 : роль

역할을 맡다 - играть роль(대격)

주연을 맡다 - играть главную роль

햄릿 역을 맡다 - играть роль Гамлета(생격)

- В спектакле «Ромео и Джульетта» роль Джульетты играет молодая, но очень талантливая актриса.
  '로미오와 줄리엣' 연극에서 젊지만(어리지만) 아주 재능 있는 여배우가 줄리엣의 역할을 맡았다.
- В фильме «Лунный свет» главную роль играет известный американский актёр. '달빛' 영화에서 유명한 미국 남자 배우가 주인공 역을 맡았다.

5 영화 장르 : жанр фильма

코미디 - комедия　드라마 - драма　비극 - трагедия

추리탐정극 - детектив　활극(액션영화) - боевик

회화 2

Track 16-2

А: Давай пойдём в кино.

Б: Давай. А куда? Где (в каком кинотеатре) сейчас идёт интересный фильм?

А: В кинотеатре «Россия» идёт новый фильм «Цирк». Я слышала, что это очень весёлая комедия.

Б: А кто режиссёр фильма?

А: Михаил Смирнов. Он не только известный режиссёр, но и актёр.

Б: А кто играет в этом фильме?

А: Популярные российские актёры. А главную роль играет Илья Сергеев – это молодой, но очень талантливый актёр.

Б: А когда мы пойдём?

А: Лучше в субботу, ты сможешь?

Б: Да, я буду свободен. Пойдём!

А: 영화 보러 가자.

Б: 그러자. 그런데 어디로? 지금 어디에서(어떤 영화관에서) 재미있는 영화가 상영 중이지?

А: '러시아' 극장에서 '서커스'라는 새 영화가 상영 중이야. 아주 재미있는 코미디라고 들었어.

Б: 영화 감독이 누구래?

А: 미하일 스미르노프래. 그는 유명한 감독이자 배우지.

Б: 영화에 누가 출연하는데?

А: 러시아 인기 배우들이래. 젊지만 아주 재능 있는 배우 일랴 세르게예프가 주연이래.

Б: 우리 언제 보러 갈까?

А: 토요일이 좋겠어, 가능해?

Б: 응, 별일 없어. 가자!

연습문제 3

다음과 같은 상황을 고려하여 대화를 만들어 보세요.

Студент 1: Пригласите друга/подругу в кино, расскажите о режиссёре, актёрах, где идёт фильм

Студент 2: Предложите пойти на другой фильм, объясните, почему.

А) Фильм «Мать», драма

Режиссёр: Пон Чжун Хо

Актёры: Ким Хе Чжа, Вон Бин, Чин Гу и др.(и другие)

кинотеатр «Мегабакс»

Б) Фильм «Ха-ха-ха»; комедия

Режиссёр: Хон Сан Су

Актёры: Ким Сан Ген, Мун Со Ри, Ким Мин Сон и др.

кинотеатр «Лоттэ»

회화 3

Извини, я не смогу пойти с тобой в кино.

미안한데, 너와 영화 보러 못 가.

갑자기 사정이 생겨서 약속을 지킬 수 없게 되었습니다. 어쩌죠? 안타깝지만 약속을 취소하거나 미룰 수밖에 없습니다.

Юра: Алло!

Валя: Привет, Юра! Мы с тобой договорились сегодня вечером пойти в кино, но, к сожалению, я не смогу, извини.

Юра: А что случилось?

Валя: Дело в том, что к нам приехали в гости дедушка и бабушка из Пусана, поэтому вечером у нас будет большой семейный ужин.

Юра: Да, конечно, я понимаю. Тогда давай пойдём в кино в другой день.

Валя: Хорошо. Извини ещё раз!

유라: 여보세요!

발랴: 유라, 안녕! 우리 오늘 저녁 영화 보러 가기로 약속했잖아, 그런데 유감스럽게도, 나 못 가, 미안해.

유라: 왜 무슨 일이야?

발랴: 사실은, 할아버지 할머니가 부산에서 우리 집에 올라오셔서, 저녁에 대가족 저녁 식사가 잡혔어.

유라: 응, 그래, 이해해. 그러면 다음에 영화 보러 가자.

발랴: 좋아. 다시 한 번 미안해!

어휘와 표현

- к сожалению… 유감스럽게도…
  Дело в том, что… 사실은…
  매우 유감인 심정을 강조하기 위해 쓰는 표현입니다. 일반적으로 이 표현 뒤에 이유를 자세하게 설명하기 시작합니다.
  - Извини ещё раз. 다시 한 번 미안해.

회화 4

Track 16-4

Саша: Алло!

Женя: Привет, Саша! Мы с тобой договорились в 4 часа пойти на выставку, но, к сожалению, я не смогу, извини.

Саша: А что случилось?

Женя: Дело в том, что сейчас я еду из Пусана в Сеул, но на дороге большая пробка, я думаю, что доеду до Сеула часов в 6 вечера.

Саша: Очень жаль, потому что сегодня последний день работы выставки. Тогда я пойду на выставку один, но потом подробно расскажу тебе о ней.

Женя: Хорошо, договорились! Извини ещё раз.

싸샤: 여보세요!

제냐: 싸샤, 안녕! 우리 4시에 전시회 가기로 약속했는데, 유감스럽게도, 나 못 가, 미안해.

싸샤: 왜 무슨 일이야?

제냐: 사실은, 나 지금 부산에서 서울 가는 중인데 도로 위에 교통체증이 심해, 서울에 저녁 6시쯤 도착할 것 같아.

싸샤: 매우 안타깝다, 오늘 전시회 마지막 날이거든. 그럼 전시회 나 혼자 갈게, 나중에 전시회에 대해서 자세히 얘기해 줄게.

제냐: 좋아, 약속했다! 다시 한번 미안해.

연습문제 4

다음과 같은 상황을 고려하여 대화를 만들어 보세요.

Студент 1: Вы договорились с другом (подругой) поехать на стадион (в парк, на балет, на концерт, ...), но ваши планы изменились. Позвоните другу, извинитесь, объясните причину;

Студент 2: Вы договорились с другом (подругой) поехать на стадион (в парк, на балет, на концерт, ...), но его (её) планы изменились. Спросите о причине. Предложите встретиться в другой день;

연습문제 5

주어진 질문에 대답해 보세요.

1. Я больше всего люблю смотреть детективы, а ты?

____

2. За какую команду ты болеешь? Почему?

____

3. Почему твоя любимая команда опять проиграла?

____

4 Почему ты не хочешь заниматься фигурным катанием?

____

5 Ты предлагаешь пойти на выставку «Русская живопись» ?

____

주어진 앞부분을 읽고 문장을 완성해 보세요.

1 Мне не понравился фильм «Весна», потому что ______________.

2 Мне не понравился фильм «Весна», поэтому ______________.

3 Вчера я поссорилась ______________.

4 Я переписываюсь ______________.

5 Брат окончил ______________ и стал ______________.

6 Маша договорилась ______________.

7 Иван занимается ______________.

8 Мама советует ______________.

9 Я всегда советуюсь ______________.

10 Наша команда выиграла ______________.

11 Мы опять проиграли ______________.

12 Команда Кореи сыграла ______________.

13 Что ты будешь делать в ______________?

14 Какие у тебя планы на ______________?

15 Лучше давай поедем ______________.

16 Я не люблю балет, потому что ______________.

17 А я ненавижу фильмы ______________.

18 Весёлая комедия идёт ______________.

19 Режиссёр Смирнов поставил ______________.

20 Кто снял ______________?

21 Главную роль ______________.

22 В этом спектакле играет ______________.

러시아 문화 알아보기

러시아인의 여가 생활

Как россияне проводят свободное время

대부분의 러시아인은 여가를 집에서 보냅니다. 혹은 가족(부모, 아이들, 형제, 자매) 또는 가까운 친척이나 친구들과 함께 자연 속에서 휴식을 취합니다.

여가 시간에 사람들마다 하는 일도 다양한데요. TV 시청, 집안일, 독서, 컴퓨터 게임이나 인터넷, 집 주변 자연 속에서 산책이나 휴식, 친구들 만남, 운동, 별장(дача)에 가서 텃밭 가꾸기, 낚시, 뜨개질, 영화·연극·콘서트·전시회 관람하기, 낱말 맞추기 풀이, 카드 놀이 등등

"자유롭게 쉬는 시간이 있습니까?"라는 설문에 응답자 절반 이상은 하루에 두 시간 정도 있다고 답했고 1/4은 주말에만 쉬는 시간이 있다고 답했습니다. 소수는 아예 쉬는 시간이 전혀 없다고 대답했습니다.

"휴가를 어떻게 보냅니까?"라는 질문에 30%는 집에서의 휴식을 꼽았고 31%는 휴양지 다녀오기, 17%는 별장에서 지낸다고 답했습니다.

여가 시간과 관련된 희망 사항으로 다음 답변이 나왔습니다.

- 더 많은 여가 시간을 갖고 싶다.
- 자연 속에서 더 많은 시간을 보내고 싶다.
- 더 많이 운동과 여행을 하고 싶다.
- 친구들과 더 자주 만나고 싶다.
- 더 자주 박물관과 극장에 가고 싶다.
- 국토 여기저기를 다니면서 새로운 장소를 알고 느끼고 싶다.

러시아인의 여가 생활과 생각, 문화가 여러분과 많이 다르나요?

부록 동사와 문법 구조 Список глаголов и грамматических конструкций

※ 굵게 표시된 동사는 추후에 익힐 동사입니다.

01 생격(родительный падеж)

❶ МОДЕЛЬ:

У кого?	есть был, -а, -о, -и будет	кто? что?

- У меня есть машина.
- Раньше у брата была машина, а теперь у него нет машины.
- Скоро у меня будет машина, потому что папа подарит мне её.

❷ МОДЕЛЬ:

У кого? Где?	нет не было не будет	кого? чего?

- У меня нет свободного времени.
- Раньше у меня не было свободного времени, но теперь оно есть.
- Сейчас каникулы, поэтому у меня есть время. Но когда начнётся семестр, у меня не будет свободного времени.
- В городе нет театра. Раньше в городе не было театра. В городе не будет театра.

❸ МОДЕЛЬ:

У кого?	болит/болят	что?

- У мамы болит спина.
- У брата болят зубы.

❹ 명사 + 명사 (чей?)

книга сестры :	- Чья это книга?	- Это книга сестры.
словарь профессора :	- Чей это словарь?	- Это словарь профессора.
стихи Пушкина :	- Чьи это стихи?	- Это стихи Пушкина.

- Это **книга** сестры. Я говорю **о книге** сестры. Я читаю **книгу** сестры.

❺ 명사 + 명사 (какой?)

остановка автобуса :	- Какая это остановка?	- Это остановка автобуса.
урок истории :	- Какой сейчас урок?	- Сейчас урок истории.
день рождения :	- Какой сегодня день?	- Сегодня день рождения мамы.

- Это **остановка** автобуса. Я иду на **остановку** автобуса. Я говорю **об остановке** автобуса.

6 숫자

1) 2, 3, 4, 22, 23, 24, … + 단수 생격

- У меня 2 брата. Сейчас 3 часа. Я купил 4 ручки.

2) 5~10, 11, 12, 13, 14~ 20, 25~30, … + 복수 생격

- Я получил 5 писем. Брату 14 лет. В нашем городе 8 театров.

7 много/немного

мало/немало
сколько + 생격(단수 или 복수)
несколько

1)

- У меня много книг. (복수 생격) — книга 단수 주격 / книги 복수 주격
- В нашем городе мало театров. (복수 생격) — театр 단수 주격 / театры 복수 주격
- Сколько у тебя сестёр? (복수 생격) — сестра 단수 주격 / сёстры 복수 주격

2)

- Дети пьют много молока. (단수 생격) — молоко 단수 주격 / 복수 주격 없음
- Я ем мало мяса. (단수 생격) — мясо 단수 주격 / 복수 주격 없음
- Сколько винограда ты купил? (단수 생격) — виноград 단수 주격 / 복수 주격 없음

8 비교급 + 생격

- Брат **старше** сестры.
- Антон учится **лучше** Вадима.

9 생격 요구 동사(전치사 없음)

- желать : Я желаю тебе здоровья/счастья/успехов.
- бояться : Студенты боятся экзаменов.
- добиться : Наша фирма добилась больших успехов.

⑩ 전치사 + 생격

1) 공간에서의 위치를 나타내는 전치사와 함께

быть находиться сидеть стоять лежать висеть ставить – поставить класть – положить вешать – повесить	У, ОКОЛО, НЕДАЛЕКО ОТ СЛЕВА ОТ···, СПРАВА ОТ···, + 생격 НАПРОТИВ, ПОСРЕДИ ВОКРУГ

Стол стоит **около (у)** окна. Ковёр лежит **посреди** комнаты. Библиотека находится **напротив** школы. Аптека **справа от** банка. Мы поставили шкаф **недалеко от** двери.

2) 생격 요구하는 기타 전치사: У, БЕЗ, ПОСЛЕ, ИЗ, С, ДО, ОТ, ДЛЯ

Я люблю кофе **без** сахара. **После** урока мы пошли в кафе. Он был (в Москве) **у** друга. Он вернулся **из** Москвы **от** друга. Я выиграл **у** друга в теннис. Как доехать (дойти, добраться) **до** вокзала? Он жил в Москве **в течение** года. Дети приготовили **для** мамы подарок.

02 여격(дательный падеж)

❶ 여격(дательный падеж) – кому?

глагол	вопрос	пример
давать – дать	кому? что?	Мама дала сыну журнал.
дарить – подарить	кому? что?	Мы подарили маме цветы.
говорить – сказать	кому? о ком? о чём?	Мама сказала папе о детях. Профессор сказал нам об экзамене.
звонить – позвонить	кому?	Я позвонил другу.
мешать – помешать	кому? что делать? что сделать?	Брат всегда мешает мне. Брат всегда мешает мне рисовать. Вчера брат помешал мне перевести текст, поэтому я не перевёл.
объяснять – объяснить	кому? что?	Он объяснил мне грамматику.
отвечать – ответить	кому? на что?	Я ответил другу на вопрос/на письмо.
писать – написать	кому? что?	Я написала другу письмо.
показывать – показать	кому? что?	Я показал маме новую фотографию.
покупать – купить	кому? что?	Мама купила сыну брюки.

помогать – помочь	кому? что делать? что сделать?	Я всегда помогаю младшему брату. Я всегда помогаю маме готовить суп. Вчера я помог брату перевести текст.
предлагать – предложить	кому? что делать? что сделать?	Отец предложил сыну каждую субботу вместе играть в теннис. Антон предложил Нине вместе пойти в театр.
преподавать	кому? что?	Он преподаёт физику школьникам.
приносить – принести 가지고 오다	кому? что? куда? что?	Мама принесла детям игрушки. Учитель принёс на урок картину.
проигрывать – проиграть 지다 выигрывать – выиграть – у кого? играть – сыграть вничью – с кем?	кому?	Вчера футбольная команда университета Корё проиграла команде университета Кён Хи (со счётом) 1:3.
радоваться – обрадоваться = рад, рада, рады	кому? чему? ..., что ,потому что	Мы обрадовались/ рады гостям. Он обрадовался/рад хорошей оценке. Он рад, что получил А+. Он рад, потому что получил А+. Дети рады, что/ потому что мама купила новую игрушку.
разрешать – разрешить 허락하다	кому? что делать? что сделать	Мама всегда разрешает мне играть в компьютерные игры. Сегодня мама (не) разрешила мне пойти в ночной клуб.
рассказывать – рассказать	кому?о ком? о чём?	Учитель рассказывает нам о Чехове. Он рассказывает детям о Москве.
советовать – посоветовать	кому? что делать? что сделать?	Учитель советует нам каждый день учить новые слова. Он советует мне купить машину.
улыбаться – улыбнуться	кому?	Антон всегда улыбается мне.

2 여격(дательный падеж) - к кому? к чему?

глагол	вопрос	пример
готовиться – подготовиться	к чему?	Сейчас я готовлюсь к экзамену. Студенты хорошо подготовились к фестивалю.
идти – пойти, ходить	к кому	Я иду к другу (в дом друга * – не говорят)
ехать – поехать, ездить	к кому?	Мы едем к бабушке (в дом бабушки * – не говорят)
приходить – прийти	к кому?	Я пришёл к другу (в дом друга * – не говорят)
приезжать – приехать	к кому?	Я приехал к бабушке (в дом бабушки * –не говорят)

3 여격이 요구되는 형태 (Модели с дательным падежом)

1) кому?

нравиться – понравиться	кто? что? что делать?

- Мне нравится Антон. Мне нравится кофе. Мне нравится читать книги.

2) кому?

надо/ нужно	что делать? / что сделать?

- Мне нужно читать каждый день. Мне нужно прочитать эту книгу.

3) кому?

нужен/нужна/нужно/нужны	что?

- Мне нужен словарь/нужна книга/нужно пальто/нужны брюки.

4) кому?

…, год, года, лет

- Мне 20 лет.

5) кому?

부사

- Мне холодно.
- Нам интересно изучать русский язык.
- Мне скучно смотреть балет.
- Нам трудно изучать русский язык.

6) кому?

мал, мала, мало, малы велик, велика, велико, велики идёт	+ 주격

- Тебе мала эта юбка.
- Брату велико это пальто.
- Тебе идёт этот костюм. Маме идёт синий цвет.

03 대격(винительный падеж)

1 대격 (винительный падеж) – кого? что?

глагол	вопрос	пример
брать – взять	что? (где?) у кого?	Маша взяла книгу в библиотеке. В столовой мы взяли рис и курицу. Нина взяла книгу у Марины.

варить – сварить	что?	Мама сварила рис/картофель/яйцо.
видеть – увидеть	кого? что?	Мы видим Антона, Нину, детей. Я вижу дом, машину, озеро.
включать – включить	что?	Он включил свет/телевизор.
воспитывать – воспитать	кого?	Родители хорошо воспитали своего сына.
встречать – встретить	кого?	Мы встретили друга и подругу.
выключать – выключить	что?	Он выключил свет/телевизор.
гладить – погладить	что?	Мама гладит брюки.
готовить – приготовить	что?	Мама приготовила суп и рыбу.
давать – дать	что? (кому?)	Преподаватель дал словарь Ивану.
дарить – подарить	что? (кому?)	Дети подарили цветы маме.
делать – сделать	что?	Дети сделали домашнее задание.
жарить – пожарить	что?	Мама пожарила рыбу/мясо/яйцо.
ждать – подождать	кого?	Мы ждём Анну 20 минут.
забывать – забыть	кого? что?	Я не забыл первую учительницу. Нина забыла дома словарь. Он забыл все новые слова.
закрывать – закрыть	что?	Он закрыл дверь/окно/книгу/сумку.
знать	кого? что?	Я знаю студентов, которые учатся на нашем факультете. Я знаю английский язык.
играть – сыграть	во что?	Мы играем в футбол.
искать – найти	что? кого?	Бабушка часто ищет свои очки. Бабушка долго искала свои очки и, наконец, нашла их. Вчера в магазине мама 20 минут искала сына.
изучать – изучить	что?	Студенты изучают русский язык.
кончать – кончить заканчивать – закончить оканчивать – окончить	что?	Профессор кончил лекцию в 2 часа. Профессор закончил лекцию в 2 часа. Брат окончил школу в 2009 году.
любить	кого? что?	Мы любим маму и папу. Дети любят бананы.
мыть – вымыть, помыть	кого? что?	Сейчас мама моет маленького сына. Нина моет посуду/пол/руки/голову. Она уже вымыла/помыла посуду.
надевать – надеть	что?	Сегодня Оля надела тёплое пальто.
начинать – начать	что?	Учитель начинает урок в 9 часов.

ненавидеть	кого? что?	Отец ненавидит нечестных людей. Он ненавидит молоко.
открывать – открыть	что?	Он открыл дверь/окно/книгу/сумку.
осматривать – осмотреть	кого? что?	Врач осмотрел дедушку. Туристы осмотрели музей.
переводить – перевести	что?	Студент перевёл текст.
передавать – передать	что? кому?	Передай привет Нине. Передай эту книгу Максиму.
печь – испечь	что?	Сейчас бабушка печёт торт.
писать – написать	что? (чем?)	Брат написал письмо. Я пишу ручкой.
пить – выпить	что?	Дети пьют молоко.
поздравлять – поздравить	кого? (с чем?)	Я поздравил Таню с Новым годом.
показывать – показать	что? (кому?)	Учитель показал картину детям.
покупать – купить	что? (кому?)	Бабушка купила овощи. Мама купила брюки сыну.
получать – получить	что? (от кого?) (откуда?)	Сегодня брат получил письмо. Студент получил А+. Я получил фотографию от друга. Я получил письмо из Москвы.
помнить	кого? что?	Я помню первую учительницу. Я помню русскую грамматику.
понимать – понять	кого? что?	Студенты понимают преподавателя. Студенты понимают грамматику.
посылать – послать	что? кому? куда?	Я послал фотографию бабушке. Я послал документы в Московский университет.
приглашать – пригласить	кого? куда?	Я пригласил Нину в ресторан.
проводить – провести	что?	Я хорошо провёл каникулы/ субботу и воскресенье/лето.
продавать – продать	что?	Этот человек продаёт машину. В этом магазине продают книги.
продолжать – продолжить	что?	Он пообедал и продолжил работу.
просить – попросить	кого? что делать/ сделать?	Папа попросил меня позвонить сегодня вечером бабушке. Папа попросил меня звонить бабушке каждый вечер.
решать – решить	что?	Я решил проблему.

резать – порезать	что? чем?	Я режу/ порезал хлеб ножом. Он режет/ порезал бумагу ножницами.
отрезать – отрезать	что? чем?	Я отрезал кусок хлеба.
рисовать – нарисовать	кого? что? (чем?)	Дети нарисовали море, папу, маму. Он рисует море синим карандашом.
сдавать – сдать	что?	Студенты хорошо сдали экзамен. Дети написали упражнение и сдали тетради учительнице.
слушать – послушать	что? кого?	Я слушаю музыку. Дети слушают учительницу.
слышать – услышать	что? кого?	Мы услышали хорошую новость. Саша, ты слышишь меня?
смотреть – посмотреть	что? на кого? на что? куда?	Мы посмотрели интересный фильм. Дети смотрят на учительницу и слушают её. Папа посмотрел на часы. Я смотрю в окно/ в зеркало.
собирать – собрать	что?	В лесу мы собираем цветы. Брат собирает марки.
спрашивать – спросить	кого? о ком? о чём?	Мы спросили преподавателя о Пушкине / об экзамене.
стирать – постирать	что?	Мама стирает одежду.
строить – построить	что?	Папа построил новый дом.
убирать – убрать	что?	Я часто убираю комнату.
учить – выучить	что?	Дети выучили стихи/новые слова.
фотографировать – сфотографировать	кого? что?	Я сфотографировал маму. Я сфотографировал красивое озеро.
чистить – почистить	что? чем?	Утром я чищу зубы. Мама чистит овощи ножом.
читать – прочитать	что?	Я прочитала книгу.

❷ 대격 (винительный падеж) - куда?

глагол	вопрос куда?	пример
везти – повезти	что? куда? кому? на чём?	Папа везёт сына в школу на машине. Мы везём подарок бабушке.
идти – пойти, ходить	куда? к кому?	Дети идут в школу. Вчера мы ходили в театр. Брат идёт/ходил к врачу.

ехать – поехать, ездить	куда? к кому?	Сейчас мы едем в Сеул. Летом мы ездили в Америку. Летом мы ездили к бабушке.
нести – понести	что? куда? кому?	Студент несёт книгу в библиотеку. Он несёт книгу другу.
опаздывать – опоздать	куда?	Студент опоздал на лекцию.
привозить – привезти	кого? что? куда? кому? на чём?	Папа привёз сына в школу на машине. Мы привезли бабушке подарок.
приносить – принести	что? куда? кому?	Студент принёс словарь на урок. Он принёс словарь преподавателю.
приходить – прийти	куда? к кому?	Он пришёл в больницу к врачу.
приезжать – приехать	куда? к кому?	Он приехал в Сеул к бабушке.
переезжать – переехать	куда?	Наша семья переехала в новый дом.
пересаживаться – пересесть	куда?	Вам надо пересесть на автобус № 5.
поступать – поступить	куда?	Брат поступил в университет.
спешить – поспешить	куда?	Дети спешат в школу.

3 대격 (винительный падеж) - кого? что? куда?

глагол	кого? что? куда?	пример
вешать – повесить	что? куда?	Мы повесили картину на стену.
класть – положить	кого? что? куда?	Мама положила ребёнка на диван. Я положил книгу на стол.
ставить – поставить	кого? что? куда?	Я поставил собаку на пол. Мама поставила сок на стол.

4 전치사 + 대격

1) ЧЕРЕЗ, НАЗАД

- Я поеду в Москву через год.
- Папа был в Москве год назад.

2) переходить – перейти (ЧЕРЕЗ)

- Дети перешли через дорогу. = Дети перешли дорогу.

3) ЗА

① **выходить – выйти замуж ЗА…**

- Вера вышла замуж за Антона.

② **болеть ЗА…**

- Мы болеем за команду «Спартак».
- Сейчас брат играет в теннис с Олегом. Я болею за брата.

4) класть – положить / ставить – поставить / вешать – повесить — ЗА, ПОД

- Мальчик поставил портфель за стол.
- Он положил мяч под стул.

04 조격(творительный падеж)

1 чем?

глагол	вопрос	пример
есть	что? чем?	Корейцы едят палочками. Он ест суп ложкой.
мыть – вымыть 씻다	что? чем?	Я мою голову шампунем. Дети моют руки мылом.
писать – написать	что? чем?	Он написал письмо чёрной ручкой.
резать – порезать	что? чем?	Я режу/порезал хлеб ножом. Он режет/ порезал бумагу ножницами.
отрезать – отрезать	что? чем?	Я отрезал кусок хлеба ножом.
рисовать – нарисовать	что? чем?	Он рисует море синим карандашом.
чистить – почистить	что? чем?	Я чищу рыбу ножом. Мы чистим яблоки ножом. Дети чистят зубы зубной щёткой и зубной пастой. Мама чистит пальто щёткой. Ты чистишь ковёр пылесосом.

2 (кем?) чем?

глагол	вопрос	пример
болеть – заболеть	чем?	Он болеет/заболел гриппом. (Он болеет/заболел головой * → Правильно: У него болит голова.) (Он болеет/заболел кашлем * → Правильно: У него кашель.)
заниматься	чем?	Я занимаюсь спортом/ музыкой.
увлекаться	чем?	Он увлекается спортом/музыкой.
интересоваться	чем? кем?	Он интересуется политикой (정치). Он интересуется красивыми девушками.
гордиться 자랑하다	кем? чем?	Отец гордится сыном? Олег гордится своими успехами.

3 кем? каким/какой/какими?

глагол 1	вопрос	пример
быть	кем?	Антон – врач. (주격) Раньше дедушка был врачом. Антон скоро будет врачом. Антон хочет быть врачом.
	каким/ какой/ какими?	Анна красивая. Сегодня она весёлая. (주격) В молодости дедушка был красивым. Вчера Анна была весёлой. Завтра дети будут весёлыми, потому что они получат подарки. Он хочет быть богатым.
становиться – стать 되다	кем?	Антон стал врачом. Антон скоро станет врачом. Антон хочет стать врачом.
	каким/ какой/ какими?	Анна стала весёлой. Дети скоро станут большими. Он хочет стать богатым.
работать	кем?	Отец работает инженером. (= Отец – инженер.)

4 с кем? с чем?

глагол	вопрос	пример
встречаться – встретиться	с кем?	Я встретился с другом.
договариваться – договориться 약속하다	с кем? что делать? что сделать?	Я договорился с Ниной пойти в кино. / Мы с Ниной договорились пойти в кино. Мы с Ниной договорились всю субботу заниматься в библиотеке.
дружить 친교가 있다	с кем?	Я дружу с Верой. Мы с Верой дружим.
здороваться – поздороваться	с кем?	Дети поздоровались с учителем.
знакомиться – познакомиться	с кем? с чем?	Я познакомился с новым студентом. Мы познакомились с Эрмитажем.
мириться – помириться 화해하다	с кем?	Сначала дети поссорились, но потом помирились друг с другом.
общаться – пообщаться	с кем?	Я люблю общаться с друзьями. Я общаюсь в Интернете (по Интернету) с разными людьми.
переписываться 편지를 주고받다	с кем?	Я 2 года переписываюсь с русской девушкой Таней.
поздравлять – поздравить	кого? с чем?	Я поздравил друга с Рождеством.
разговаривать	с кем? о ком? о чём?	Я разговариваю с отцом о проблемах. Я разговариваю с отцом о брате.
советоваться – посоветоваться	с кем?	Сын всегда советуется с отцом. Он не знал, в каком русском городе лучше учиться, поэтому посоветовался с профессором.
ссориться – поссориться 싸우다	с кем?	Я поссорилась с подругой. Мы с подругой поссорились.
играть – сыграть вничью выигрывать – выиграть у кого? проигрывать – проиграть кому?	с кем?	Отец сыграл с сыном в шахматы вничью.

5 творительный падеж с предлогами (предлог – 전치사)

1) с

- Я пью кофе с сахаром. Он ел рис с мясом.
- Я играю в футбол с друзьями.

2) **ЗА, ПЕРЕД, НАД, ПОД, МЕЖДУ, РЯДОМ С…**

быть
находиться
лежать
стоять
висеть
сидеть
\+ ЗА, ПЕРЕД, НАД, ПОД, МЕЖДУ, РЯДОМ С…

- Стул стоит между столом и диваном. Картина висит над диваном. Библиотека находится за школой.

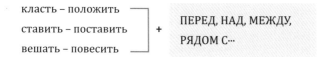

класть – положить
ставить – поставить
вешать – повесить
\+ ПЕРЕД, НАД, МЕЖДУ, РЯДОМ С…

- Брат положил книгу рядом с тетрадью. Мы поставили стол перед окном.
- Отец повесил картину над столом.

05 전치격(предложный падеж)

❶ ГДЕ?

глагол	вопрос	пример
быть	где? (у кого?)	Вчера мы были в Большом театре. Летом мы были в Пусане у старшего брата.
висеть	где?	Картина висит на этой стене.
гулять – погулять	где?	Дети гуляют в парке.
жить	где?	Он живёт в России, в Москве.
завтракать – позавтракать	где?	Обычно я завтракаю в общежитии.
заниматься – позаниматься	где? (чем?)	Он занимается в новой библиотеке. Он занимается спортом.
лежать	где?	Книга лежит на письменном столе.
находиться	где?	Аудитория 201 находится на втором этаже.
обедать – пообедать	где?	Студенты обедают в студенческой столовой.
отдыхать – отдохнуть	где?	Летом мы отдыхали на юге.
подрабатывать – подработать	где?	Днём я учусь в университете, а вечером подрабатываю в небольшом кафе.

работать – поработать	где?	Отец работает в банке.
рождаться – родиться	где?	Мама родилась в Пусане.
сидеть	где?	Дети сидят на мягком диване.
стоять	где?	Сок стоит в холодильнике.
ужинать – поужинать	где?	Семья ужинает в ресторане.
учиться – поучиться	где?	Брат учится в новой школе.

2 О КОМ? О ЧЁМ?

глагол	вопрос	пример
думать – подумать	о ком? о чём?	Она думает о младшей сестре. Она думает об уроке русского языка.
говорить – сказать	о ком? о чём? (кому?)	Мама говорит мне о папе. Профессор говорит студентам об интересной экскурсии.
мечтать	о чём? что делать? что сделать?	Я мечтаю о поездке в Европу. Я мечтаю поехать в Европу.
рассказывать – рассказать	о ком? о чём? (кому?)	Преподаватель рассказывает студентам о русском поэте. Брат рассказывает нам о своём путешествии.
спрашивать – спросить	о ком? о чём? (кого?)	Профессор спрашивает студента о русском писателе/ о новом романе.

3 НА ЧЁМ?

глагол	вопрос	пример
ехать – поехать, ездить	на чём?	Дети едут в школу на большом автобусе.
играть – сыграть, поиграть	на чём?	Брат играет на гитаре.
кататься – покататься	на чём?	Зимой мы катаемся на лыжах и коньках. Брат часто катается на велосипеде.

4 НА КОМ?

глагол	вопрос	пример
жениться	**на ком?**	**Антон женился на Вере.**

연습문제 정답

제1과

연습문제 1

1. - Где ты провёл (провела) каникулы?
   - В Китае, в Пекине. А ты?
   - В Англии, в Лондоне.
2. - Где ты провёл (провела) каникулы?
   - В Японии, в Токио. А ты?
   - В России, на озере Байкал.
3. - Где ты провёл (провела) каникулы?
   - В России, на Чёрном море. А ты?
   - В Италии, в Венеции.
4. - Где ты провёл (провела) каникулы?
   - В маленькой деревне на острове Чеджу. А ты?
   - Во Франции, в Париже.

연습문제 2

А)

1. В августе Сергей ездил в деревню к бабушке и дедушке.
2. Зимой мы ездили в Японию к родственникам.

Б)

1. В мае мы были в Пусане у дяди и тёти.
2. Летом отец был в Америке у младшего брата.

연습문제 3

1. Ну и как? Вам понравился Байкал?
2. Ну и как? Вам понравилась выставка?
3. Ну и как? Вам понравился музей?/ Вам понравились картины?
4. Ну и как? Вам понравился поэт?/ Вам понравились стихи?

연습문제 4

1. Женя отлично провёл каникулы. Он был в Москве. / Он ездил в Москву.
2. Он ездил к брату.
3. Брат Жени работает в Москве в российско-корейской фирме.
4. В Москве было холодно.

연습문제 7

1. Брат учится в Московском университете на экономическом факультете.
2. Я часто думаю о старшем брате и старшей сестре.
3. Мы едем в новую библиотеку на большом красивом автобусе.
4. Профессор рассказывает студентам о русском искусстве.
5. Олег играет на гитаре, а Таня играет на скрипке.
6. Мы прочитали в журнале о новом интересном фильме.

제2과

연습문제 1

А)

1. Я думаю, что Мигель – испанец.
2. Я думаю, что Юми – японка.
3. Я думаю, что Бриджит – француженка.
4. Я думаю,что Ливей – китаец.
5. Я думаю, что Ганс – немец.
6. Я думаю, что Сонми – кореянка.

Б)

1. - Мигель, кто вы по национальности?
   - Я испанец, а вы?
   - Я русская/американка.
2. - Юми, кто вы по национальности?
   - Я японка, а вы?
   - Я кореец/китаец.
3. - Бриджит, кто вы по национальности?
   - Я француженка. А вы?
   - Я итальянец/испанец.

В)

1. - Ливей, вы кореец?
   - Нет, я китаец. А вы?
   - Я русский.
2. - Ганс, вы немец?
   - Да. А вы?
   - Я испанка.
3. - Сонми, вы японка?
   - Нет, я кореянка. А вы?
   - Я американец.

연습문제 2

А)

1. Нина: Анна, кто вы по профессии?
Анна: Я библиотекарь. А вы?
Нина: Я почтальон.

2. Виктор: Софья, кто вы по профессии?
Софья: Я аптекарь. А вы?
Виктор: Я преподаватель.

3. Ирина: Максим, кто вы по профессии?
Максим: Я экономист. А вы?
Ирина: Я продавец.

4. Сергей: Людмила, кто вы по профессии?
Людмила: Я учительница. А вы?
Сергей: Я инженер.

Б)

1. - Игорь, где вы работаете?
- Я работаю на заводе.
- Вы инженер?
- Да, я инженер. / Нет, я рабочий.

2. - Лариса, где вы работаете?
- Я работаю в ресторане.
- Вы повар?
- Да, я повар. / Нет, я официантка.

3. - Иван, где вы работаете?
- Я работаю в фирме.
- Вы менеджер?
- Да, я менеджер. / Нет, я экономист.

연습문제 3

1. - Антон, ты женат?
- Да, женат.

2. - Марина, ты замужем?
- Нет, я не замужем.

3. - Вадим Петрович, вы женаты?
- Нет, я не женат. / Нет, я холост.

4. - Софья Сергеевна, вы замужем?
- Да, я замужем.

연습문제 4

1. Мэри родилась в Англии, она англичанка.

2. Мишель родился во Франции, в Париже, он француз.

3. Юми и Такао родились в Токио, они японцы.

4. Сергей родился в России, он русский.

5. Сонми родилась в Корее, в Сеуле, она кореянка.

6. Мигель родился в Барселоне, он испанец.

7. Лю Ин родилась в Китае, в Шанхае, она китаянка.

8. Майк и Сара родились в Америке, они американцы.

연습문제 5

1. - Софи, где ты родилась?
- Я родилась во Франции, в Марселе.

2. - Майк, где ты родился?
- Я родился в Америке, в Вашингтоне.

3. - Людмила, где ты родилась?
- Я родилась в России, в Санкт-Петербурге.

4. - Наён, где ты родилась?
- Я родилась в Корее, в Инчоне.

5. - Такаши, где ты родился?
- Я родился в Японии, в Токио.

6. - Луиза, где ты родилась?
- Я родилась в Германии, в Берлине.

7. - Даниель, где ты родился?
- Я родился в Испании, в Барселоне.

제3과

연습문제 1

1. На следующей неделе Сергей женится на Ларисе.

2. В прошлом месяце Таня и Олег поженились.

3. Завтра Ирина выходит (выйдет) замуж за Игоря.

연습문제 2

1. Я собираюсь в выходные пойти на стадион/поехать на море.

2. Я собираюсь подарить ей большую куклу.

3. Я собираюсь приготовить пельмени.

4. Я собираюсь купить овощи и фрукты.

연습문제 3

1. Сестру Милы зовут Нина.

2 В феврале Нина вышла замуж за Майка.

3 Майк по национальности американец, по профессии менеджер.

4 Майк и Нина познакомились в Москве.

5 Они вместе работают в российско-американской компании.

연습문제 4

А)

1 Игорь и Таня познакомились в университете, они вместе учились на математическом факультете.

2 Они собираются пожениться на следующей неделе.

3 Они послали приглашение на свадьбу всем родственникам и друзьям.

Б)

1 Лариса выходит замуж за Вадима.

2 Они вместе учились в школе.

3 Лариса - первая любовь Вадима.

연습문제 5

1 Мои дедушка и бабушка живут в небольшой деревне. Я езжу к ним не очень часто. Обычно я езжу к ним на поезде.

2 На летних каникулах я собираюсь поехать в Италию, в Венецию.

3 Да, не понравилось. Потому что была плохая погода. Было холодно и шёл дождь.

4 Да, это правда. Он женился в прошлом месяце на Свете. Они вместе учились в школе.

5 Да. Они познакомились в Париже. Моя сестра изучает французский язык и в прошлом году два месяца училась во Франции. Тогда они познакомились.

6 а) Да, он любит Наташу, но она не любит его. Наташа вышла замуж за Владимира. Поэтому брат собирается жениться на Нине.
б) Нет, это неправда. Он любит Нину и хочет жениться на ней. А с Наташей они просто хорошие друзья.

7 Анне не нравится Вадим, потому что он не очень хороший человек/он не очень добрый человек/ он эгоист.

제4과

연습문제 1

1 Урок русского языка начинается в девять часов.

2 Я изучаю русский язык в понедельник, в среду и в пятницу.

3 Я занимаюсь в библиотеке в субботу и в воскресенье.

4 Я пойду в бассейн в среду в шесть часов.

연습문제 2

1 Фестиваль будет в апреле.

2 Экзамен будет в июне.

3 Я поеду в Россию в августе или в сентябре.

4 Сезон дождей в Корее в июне и в июле.

연습문제 3

1 Сегодня двадцать пятое июня.

2 Экзамен будет двадцать первого апреля.

3 Вчера было восемнадцатое декабря.

4 У меня день рождения тридцатого октября.

연습문제 4

1 Он родился одиннадцатого сентября тысяча девятьсот семидесятого года.

2 Я родился тридцать первого августа тысяча девятьсот девяностого года.

3 Сестра вышла замуж пятнадцатого февраля две тысячи четырнадцатого года.

4 Брат женился двадцать восьмого ноября две тысячи десятого года.

5 Мои родители поженились двадцатого марта тысяча девятьсот восемьдесят девятого года.

연습문제 6

1 В прошлом году сестра поступила в Московский государственный университет на химический факультет.

2 В следующем году Алексей окончит Санкт-Петербургский университет, физико-математический факультет.

3 Младшая сестра окончила школу и поступила в медицинский институт.

연습문제 7

1. Вадим родился десятого декабря тысяча девятьсот девяносто первого года.
2. Он окончил Московский университет, экономический факультет.
3. В университете он глубоко изучал экономику Кореи.
4. Год назад он работал экономистом в фирме «Восток».
5. К сожалению, эта фирма закрылась.
6. Вадим хотел бы работать в российско-корейской компании.

제5과

연습문제 1

А)

1. Обычно я занимаюсь в библиотеке или в общежитии.
2. В свободное время мой младший брат занимается спортом. / В свободное время брат играет в компьютерные игры.
3. Фирма «Звезда» продаёт мебель.
4. Да, у меня два брата - старший и младший. Старший брат работает в банке, а младший учится в университете.
5. А я занимаюсь баскетболом.

연습문제 2

1. Мария работает учительницей.
2. Дмитрий работает шофёром.
3. Катя работает поваром, а Сергей (работает) официантом.
4. Ольга Николаевна работает гидом.

연습문제 3

1. Я хочу стать переводчиком/преподавателем русского языка.
2. Старший брат стал экономистом.
3. Когда сестра окончит университет, она станет менеджером.
4. Она хочет стать учительницей истории.

연습문제 4

1. В нашей семье четыре человека: папа, мама, младший брат и я.
2. Папа работает на большом заводе, он инженер.
3. Мама не работает, она домохозяйка.
4. Младшему брату 15 лет, он учится в школе.

연습문제 5

1. Моя бабушка родилась в Петербурге двадцать шестого апреля тысяча девятьсот сорок третьего года.
2. Мишель живёт в Париже, у неё день рождения двенадцатого ноября.
3. Джон англичанин.
4. Юми японка.
5. В июле я собираюсь поехать на Байкал.
6. Мой дедушка - бизнесмен. Он родился в тысяча девятьсот сороковом году.
7. Мои родители познакомились двадцать три года назад в Москве, они вместе учились в университете на биологическом факультете.
8. Да, моя сестра замужем. Она вышла замуж два года назад.
9. Нет, мой брат холост.
10. Моя сестра вышла замуж за Сергея. Свадьба была шестнадцатого октября.
11. Мой брат собирается жениться на Марине. Марина - его первая любовь. Их свадьба будет через три месяца.
12. Он послал приглашение на свадьбу всем друзьям и родственникам.
13. Сергей идёт в кино в пятницу, он пригласил своих друзей.
14. Я пригласил(а) подругу на балет, мы пойдём в театр на следующей неделе.

연습문제 6

1. Мама всегда готовит ужин/вкусные пельмени.
2. Я часто встречаю Антона и Свету.
3. Брат взял словарь в библиотеке. / Брат взял в столовой суп и картофель с мясом.
4. Папа всегда даёт детям деньги.

5 Мы пригласили бабушку и дедушку в ресторан.

6 Бабушка поздравила Наташу с днём рождения.

7 Дети играют в футбол на стадионе.

8 Он открыл книгу и начал читать стихи.

9 Нина закончила делать домашнее задание.

10 Нина окончила школу в прошлом году.

11 Я хочу послать подруге фотографию семьи.

12 Виктор сфотографировал большую птицу.

13 Мы хорошо провели выходные дни.

14 Летом они ездили на Чёрное море.

15 Дима поступил в Московский университет на физический факультет.

16 Кто воспитывает детей?

17 Я собираю марки.

연습문제 7

1 Да, она дипломат. Сестра окончила Санкт-Петербургский университет в две тысячи шестнадцатом году.

2 Брат учится на историческом факультете, на втором курсе.

3 Да, мой брат окончил университет в прошлом году. Он учился на химическом факультете. Сейчас он работает учителем в школе.

4 Да, я хочу стать учительницей, потому что я люблю детей и мне нравится преподавать.

5 Да, брат через год окончит школу. И он хочет поступить в университет на экономический факультет.

6 Да, раньше я изучал английский язык и мечтал стать переводчиком. Но я не очень хорошо знаю английский язык, поэтому сейчас я хочу работать журналистом в газете. Мне нравится писать статьи.

7 Да, я хочу поступить в музыкальный институт, потому что (я) люблю музыку и хорошо играю на скрипке.

제6과

연습문제 1

1 Диван стоит около шкафа.

2 Книги лежат на столе.

3 Ручка лежит в портфеле.

4 Фотографии висят на стене.

5 Шкаф стоит около двери.

6 Кровать стоит напротив кресла.

7 Пальто висит в шкафу.

8 Холодильник стоит слева от стола.

9 Шторы висят на окне.

10 Яблоки лежат на столе.

11 Тарелка стоит на столе.

12 Около тарелки лежат вилка и ложка.

13 Ковёр лежит на полу.

14 Сок стоит в холодильнике.

15 Телевизор стоит на тумбе.

16 Часы висят на стене.

17 Наручные часы лежат на тумбочке.

18 Смартфон лежит в кармане.

19 Люстра висит на потолке.

20 Туфли стоят около двери.

연습문제 2

1 Диван стоит около двери.

2 Стол стоит между диваном и креслом.

3 Компьютер стоит на компьютерном столе.

4 Словарь лежит в сумке.

5 Шкаф стоит слева от окна.

6 Картина висит над кроватью.

7 Собака лежит под стулом.

8 Напротив окна стоит шкаф.

9 На тарелке лежат фрукты.

10 В холодильнике стоит молоко.

11 Цветы висят справа от окна.

12 Цветы стоят на окне.

13 Часы стоят недалеко от телевизора.

14 Тумбочка стоит рядом с кроватью.

15 Журнальный столик стоит перед диваном.

연습문제 3

1 Дети стоят вокруг учительницы.

2 Кот лежит около дивана.

3 Бра висит над креслом.

4 Будильник стоит на тумбочке.

5 Рыба лежит в холодильнике.

6 Календарь висит над столом.

7 Книги стоят/лежат на полке.

8 Фотографии висят на стене.

9 Ручка лежит справа от тетради.

10 Пальто висит на вешалке.

11 Деньги лежат в кошельке.

12 Шкаф стоит напротив кровати.

제7과

연습문제 1

1 Света всегда ставит посуду в шкаф.

2 Лена купила молоко и поставила его в холодильник.

3 Мама хочет поставить цветы около часов.

4 Тебе надо поставить кресло напротив телевизора.

5 Не надо ставить диван перед компьютером.

6 Обычно я ставлю портфель под стол.

연습문제 2

1 Бабушка поставила сок в холодильник.

2 Я всегда ставлю часы на тумбочку, (которая стоит) около кровати.

3 Этот стул всегда стоит рядом с диваном.

4 Вам надо поставить холодильник справа от двери.

5 Не надо ставить цветы на окно.

6 Дети стоят около учителя и внимательно слушают его.

7 Поставь, пожалуйста, чашки на стол.

8 Не ставь грязную сумку на стол.

연습문제 3

1 - Какие красивые сувениры! Маша, откуда они у тебя?
- Друг привёз их из Австралии и подарил мне. Он всегда привозит сувениры из разных стран.

2 Вчера сестра вернулась с острова Чеджу, она привезла мандарины.

3 Ко мне пришла Наташа, она принесла вкусный торт. Сейчас мы пьём чай.

4 Бабушка: «Вера, принеси мне, пожалуйста, очки, они лежат на столе в гостиной».

5 Сергей принёс на урок интересный журнал, сейчас мы смотрим этот журнал. Он часто приносит интересные журналы и книги на русском языке.

6 Завтра ты поедешь в Китай? Привези мне, пожалуйста, китайский чай.

연습문제 4

1 - Куда поставить/положить книгу?
- а) Поставь/Положи её в книжный шкаф.
б) Я советую тебе поставить/положить её в книжный шкаф.

2 - Куда поставить будильник?
- а) Поставь его на тумбочку.
б) Я советую тебе поставить его на тумбочку.

3 - Куда поставить торшер?
- а) Поставь его около дивана.
б) Я советую тебе поставить его около дивана.

4 - Куда поставить стул?
- а) Поставь его в угол.
б) Я советую тебе поставить его в угол.

5 - Куда поставить пылесос?
- а) Поставь его за дверь.
б) Я советую тебе поставить его за дверь.

6 - Куда поставить настольную лампу?
- а) Поставь её справа от часов.
б) Я советую тебе поставить её справа от часов.

연습문제 5

1. Я всегда кладу ручку в карман.
2. Папа положил ключи около книги.
3. Обычно бабушка кладёт фрукты рядом с овощами.
4. Кто положил сюда тетрадь?
5. Почему Соня никогда не кладёт свои вещи на место?

연습문제 6

1. Маша всегда кладёт сотовый телефон в сумку.
2. Куда ты положил ключ? Я не могу его найти.
3. Вот ключ лежит на тумбочке.
4. Кто положил цветы на стол? Надо поставить их в вазу.
5. Обычно бабушка кладёт продукты в холодильник/в сумку.
6. Положи, пожалуйста, вилки слева от тарелки, а ножи – справа.
7. Никогда не клади сюда грязные салфетки.
8. Чья ручка лежит рядом с тетрадью?
9. Какая большая сумка! Что лежит там?
10. Какая большая сумка! Что ты положил туда?

연습문제 7

1. Папа повесил пальто на вешалку.
2. Чей костюм висит в шкафу?
3. Повесь, пожалуйста, зонт на вешалку.
4. Дети всегда вешают школьную форму в шкаф.
5. Куда надо повесить календарь?
6. Эта фотография всегда висит здесь.
7. Я хочу повесить фотографию родителей над диваном.
8. Не вешай цветы на окно! Эти цветы не любят солнце.

연습문제 8

1. Вчера Света купила новый холодильник.
2. Сегодня утром работники службы доставки привезли холодильник.
3. Они поставили холодильник справа от окна.
4. Она положила в холодильник овощи и фрукты.

연습문제 9

1. Привет, Наташа! Да, мы давно не встречались! У меня всё хорошо, я работаю экономистом в банке.
2. Да, я хочу работать в фирме «Электроника», она продаёт бытовую технику.
3. Моя сестра окончит школу через два месяца, но она не хочет поступать в университет, она хочет стать поваром и работать в ресторане.
4. Вчера ты положил словарь в тумбочку. Вот он лежит в тумбочке.

제8과

연습문제 1

1. - Я не знаю, куда повесить календарь. А как ты думаешь?
   - Повесь его над столом.
2. - Бабушка не знает, куда положить ковёр. А как ты думаешь?
   - Я советую бабушке положить его перед диваном.
3. - Я хочу хорошо отдохнуть, но не знаю, куда поехать: на Восточное или на Западное море? А как ты думаешь?
   - Лучше поехать на Восточное море.
4. - Мама не знает, что приготовить на ужин. А как ты думаешь?
   - Маме надо приготовить рыбу с рисом.
5. - Я не знаю, что подарить Марине: косметику или блузку. А как ты думаешь?
   - Лучше подарить косметику.
6. - Сестра не знает, какой фильм посмотреть. А как ты думаешь?
   - Я советую ей посмотреть фильм «Мечта».
7. - Младший брат не знает, на какой факультет поступить. А как ты думаешь?
   - Ему надо поступить на математический факультет.

연습문제 2

1. - Я думаю, что надо положить ковёр около дивана.
   - а) Я не согласна с тобой. Этот ковёр очень большой, поэтому лучше положить его посреди комнаты.
   б) Я согласна с тобой, этот ковёр маленький, поэтому лучше положить его не посреди комнаты, а около дивана.
2. - Мне кажется, лучше пригласить Катю на балет, а не на оперу.
   - а) Я согласна с тобой. Катя очень любит смотреть балет, но ей не нравится слушать оперу.
   б) Я не согласна с тобой, Катя любит оперу больше, чем балет.
3. - Завтра на фестиваль корейской культуры придут русские студенты. Я думаю, что лучше приготовить кимпап.
   - а) Я согласна с тобой. Кимпап – не острое блюдо, поэтому все русские студенты смогут его есть.
   б) Я не согласна с тобой. Я слышала, что русские студенты не любят кимпап. Лучше приготовить пульгоги.

연습문제 6

1. Да, он лежал на журнальном столике. Я положил его на письменный стол.
2. Извини, я всегда очень занят. Сейчас у меня тоже нет времени. Вечером я положу все свои вещи на место.
3. Да, у меня болят ноги, потому что сегодня я всё утро играл в футбол.
4. Мне надо купить учебник русского языка.
5. Да, Лариса окончила университет 3 года назад, она хочет работать переводчиком, но не может найти хорошую работу.
   Когда Лариса окончила университет, она сразу вышла замуж, и у неё родился сын. Сейчас Лариса воспитывает сына.

연습문제 7

1. К нам приехали родственники из деревни, они привезли овощи и фрукты.
2. Ты вернулся из Японии? Какие сувениры ты привёз? / Ты привёз подарки родителям?
3. Сейчас Катя в библиотеке, она принесла русско-корейский словарь.
4. Когда бабушка приходит в гости, она всегда приносит игрушки внукам.

연습문제 8

1. Я советую младшему брату поступить на экономический факультет.
2. Ему нравится математика, и он хорошо знает её.
3. Он хочет стать учителем математики или экономистом.
4. Я думаю, что лучше работать экономистом в банке.

연습문제 9

1. Вчера я встретил своего школьного друга.
2. Дети забыли выучить стихи. / Дети забыли тетради дома.
3. Завтра я пойду на новый стадион.
4. В субботу мы ездили в Пусан к родственникам.
5. Календарь висит над дверью.
6. Брат повесил картину справа от окна.
7. Диван стоит между столом и шкафом.
8. Фрукты лежат на столе. Фрукты лежат в красивой вазе.
9. Дети всегда кладут книги и тетради в стол. Дети всегда кладут свои вещи на место.
10. Кто поставил грязный стакан на журнальный столик?
11. На вешалке висят пальто и зонт.
12. Недалеко от окна стоит холодильник.
13. Перед диваном лежит ковёр.
14. Сергей приехал из Москвы, он привёз матрёшку.
15. Олег принёс на урок большой словарь.
16. Я советую тебе чаще разговаривать с русскими друзьями. / Я советую тебе взять этот суп, потому что он не острый.
17. Тебе не надо ставить кровать около окна. / Тебе не надо сегодня готовить ужин, потому

что Олег пригласил нас в ресторан.

제 9 과

연습문제 1

1. На стене висит календарь прошлого года, надо снять его и повесить новый (календарь).
2. В прошлом году я жил в общежитии, а в этом году собираюсь снять квартиру.
3. Где здесь банкомат? Мне надо снять деньги.
4. Каждый вечер мы смотрим сериал, его снял молодой талантливый режиссёр.
5. Утром было холодно, но сейчас очень тепло, поэтому дети сняли шапки.

연습문제 2

1. В прошлом месяце мы купили новую квартиру.
2. Мы жили в двухкомнатной квартире, а теперь купили трёхкомнатную квартиру.
3. Наша новая квартира находится в двенадцатиэтажном доме на четвёртом этаже.
4. Мы уже купили мебель и бытовую технику.

연습문제 3

1. Миша с другом снимает двухкомнатную квартиру, которая находится недалеко от университета.
2. В этой квартире есть вся необходимая мебель и бытовая техника.
3. Дима считает, что лучше и дешевле снимать квартиру, чем жить в общежитии.
4. Миша согласен с ним.

연습문제 5

1. Брат открыл шкаф и повесил пальто.
2. Мне надо перевести небольшой текст.
3. Завтра я покажу тебе новые фотографии, которые (я) сделал в Москве.
4. Наташа часто получает письма из Кореи от своих подруг.
5. Ты уже послал родственникам открытки?
6. Дети, вы должны выучить новые слова.
7. Завтра я пойду на выставку автомобилей.
8. Летом лучше поехать в Китай к старшему брату.
9. Сергей часто опаздывает на лекции.
10. Я советую тебе взять пельмени. / Я советую тебе взять зонт, потому что вечером будет дождь.
11. Отец привёз из Японии сувениры.
12. Дети пришли на урок, они принесли стихи Пушкина.
13. Маша, не клади смартфон в карман, лучше всегда класть его в сумку.
14. Детям надо сделать домашнее задание. / Детям надо больше заниматься спортом.
15. Повесь зонт на вешалку.

제 10 과

연습문제 1

1. Сергей не любит убирать свою комнату.
2. Люда, почисти, пожалуйста, овощи.
3. Мама сначала постирала одежду, потом погладила её утюгом.
4. Давай вместе делать домашние дела. Я вымою пол, а ты помоешь посуду.
5. После обеда дети всегда чистят зубы.

연습문제 2

1. Света, не надо жарить рыбу, лучше сварить её.
2. Вера порезала овощи ножом, положила их в кастрюлю и начала варить овощной суп.
3. Я не люблю варёные яйца, поэтому пожарь, пожалуйста, одно яйцо. / Я не люблю жареные яйца, поэтому свари, пожалуйста, одно яйцо.
4. Вера, врач сказал, что дедушке нельзя есть жареный картофель, поэтому давай сварим его.

연습문제 4

1. Жена хочет на ужин пожарить картофель, сварить курицу и испечь блины.
2. Мужу больше нравится жареная курица с

варёным картофелем.

3 Мне больше нравится варёный картофель с жареной курицей, потому что жареное мясо вкуснее, чем варёное.

4 Ему надо порезать курицу и почистить картофель.

5 У него появилась идея поужинать в ресторане. Я думаю, что муж вечером вернулся с работы, он очень устал, поэтому не хочет помогать жене.

연습문제 5

1 Потому что я не люблю убирать свою комнату. / Потому что я всегда занят.

2 Я сегодня убрала комнату, постирала одежду, вымыла посуду, сварила суп, пожарила мясо и испекла блины.

3 Я хочу приготовить варёный картофель с жареной рыбой. / Я хочу сегодня сварить картофель и пожарить рыбу.

4 Да, я знаю, что жареные продукты вредны для здоровья, но мне не нравится варёная курица. Жареная курица вкуснее, чем варёная.

5 Я не согласна с тобой. Я думаю, что варёная и жареная рыба одинаково полезны для здоровья.

연습문제 6

1 Сегодня вечером у нас будут гости.

2 Сейчас мы с мамой готовим ужин.

3 Я мою и чищу овощи, а мама жарит мясо.

4 Потом мы испечём вкусное печенье.

연습문제 7

1 Тебе надо убрать комнату и вымыть посуду.

2 Погладь, пожалуйста, рубашку.

3 Ольга почистила фрукты, порезала их, положила на большую тарелку и поставила на стол.

4 Почему дети не вымыли руки?

5 Утром сестра сварила куриный суп.

6 На обед мама пожарила яйца с овощами.

7 Маше нравится печь блины.

8 Почему ты не постирала свои брюки?

9 Мама советует дочери есть только полезные продукты.

10 На обед нам надо сварить суп и пожарить рыбу.

연습문제 8

1 Дмитрий улыбается знакомой девушке.

2 Я говорил о своих планах родителям и старшему брату.

3 Мы всегда рады гостям.

4 Мне всегда помогает старшая сестра.

5 Профессор объяснил нам грамматику.

6 Декан посоветовал нам поехать в Москву.

7 Потому что сейчас в нашей семье нет денег. / Потому что родители советуют мне поехать в Америку и там изучать английский язык.

8 Да, дети мешают мне заниматься. / Да, дети мешают мне писать доклад.

9 Сестра преподаёт математику школьникам.

10 Я принёс цветы маме.

11 Потому что мой костюм уже старый. / Потому что я собираюсь жениться.

12 Потому что Антон не очень хороший человек /не очень честный человек/не очень добрый человек.

13 Завтра мне нужно убрать комнату и постирать одежду.

14 Мне идёт синий цвет. Все друзья и знакомые так говорят.

제 11 과

연습문제 1

1 Студенты сказали преподавателю, что скоро у них будет экскурсия.

2 Соня сказала Виктору, что она забыла перевести диалог.

3 Мама сказала детям, что им нужно больше заниматься.

4 Оля и Наташа сказали мне, что корейские друзья пригласили их в Эверлэнд.

5 Отец сказал сыну, что он не должен долго играть в компьютерные игры.

6 Бабушка сказала нам, что в её доме нет лифта.

연습문제 2

1 Брат спросил сестру, почему она не хочет идти в кино.

2 Анна спросила Свету, кому она позвонила.

3 Мама спросила детей, когда они будут делать домашнее задание.

4 Профессор спросил студента, как долго он учился в МГУ.

연습문제 3

1 Маша спросила Наташу, есть ли у неё словарь.

2 Мила спросила Виктора, хороший ли это фильм.

3 Дети спросили отца, купил ли он им игрушки.

4 Врач спросил Антона, болит ли у него горло.

연습문제 5

Марина спросила Наташу, куда она идёт.
Наташа ответила, что она идёт в поликлинику.
Марина спросила, что случилось.
Наташа ответила, что у неё болит горло.
Марина спросила, есть ли у Наташи температура.
Наташа ответила, что есть, невысокая.
Марина спросила, какая у Наташи температура.
Наташа ответила, что тридцать семь и четыре.
Температура невысокая, но у неё слабость.

연습문제 6

1 Марина помогает Ольге, потому что Ольга поздно вернулась с работы и не успела приготовить ужин.

2 Марине нужно помыть овощи, почистить их и приготовить салат.

3 Ольга не согласна с Мариной. Она сказала, что современные мужчины помогают своим жёнам.

4 Марина сказала, что Ольге повезло, потому что муж Ольги всегда помогает ей, он обычно покупает продукты, моет посуду после ужина и помогает Ольге убирать квартиру в выходные дни.

5 Я думаю, что муж должен помогать жене, потому что современные женщины тоже работают и устают на работе. / Я думаю, что муж не должен помогать жене делать домашние дела, потому что мужчины много работают, у них нет времени.

연습문제 7

Ольга сказала Марине, что она поздно вернулась с работы, поэтому не успела приготовить ужин.
И спросила, не поможет ли ей Марина.
Марина ответила, что поможет и спросила, что нужно сделать.
Ольга ответила, что сначала нужно помыть овощи, потом почистить их и приготовить салат.
А Ольга пожарит мясо.
Марина сказала, что сейчас всё сделает. Потом Марина сказала, что у женщин всегда много дел, они стирают, убирают, моют, готовят, а мужчины не любят заниматься домашними делами.
Ольга сказала, что не согласна с Мариной.
Многие современные мужья помогают своим жёнам.
Марина спросила, помогает ли Ольге её муж.
Ольга ответила, что всегда помогает.
Марина спросила, что он обычно делает.
Ольга ответила, что он покупает продукты, моет посуду после ужина, а в выходные дни они вместе убирают квартиру.
Марина сказала, что Ольге повезло. У неё прекрасный муж.

제 12 과

연습문제 1

1 Максим сказал Соне, чтобы она позвонила бабушке.

2 Дети попросили маму прочитать сказку. / Дети попросили маму, чтобы она прочитала сказку.

3 Мама часто говорит детям, чтобы они не шумели.

4 Преподаватель сказал студентам, чтобы они занимались больше.

5 Лариса сказала Тане, чтобы она повесила бра над диваном.

6 Жена попросила мужа помыть посуду. / Жена попросила мужа, чтобы он помыл посуду.

7 Мама попросила дочь, чтобы она испекла блины.

연습문제 2

1 (Соня и Маша)
Маша сказала Соне, что она переехала в новую квартиру.
Соня спросила, где Маша теперь живёт.
Маша попросила Соню записать адрес: улица Достоевского, дом 3, квартира 7.
Соня сказала, что записала.
Маша сказала, что хочет пригласить Соню в гости в субботу вечером.
Соня спросила, можно ли (прийти) не в субботу, а в воскресенье.
Маша попросила Соню прийти в воскресенье, часов в 5.

2 (Нина и Вера)
Нина сказала Вере, что она купила мебель, но не знает, куда что поставить. И спросила Веру, как она думает.
Вера сказала, что советует ей поставить стол около окна.
Нина спросила, почему.
Вера сказала, что у окна больше света.
Нина спросила, куда поставить диван.
Вера сказала, чтобы Нина поставила диван около двери.

연습문제 3

1 Дочь попросила маму дать яблоко. / Дочь попросила маму, чтобы она дала яблоко. / Дочь попросила у мамы яблоко.

2 Джон попросил официанта дать вилку. / Джон попросил, чтобы официант дал вилку. / Джон попросил у официанта вилку.

3 Учительница попросила школьников дать тетради. / Учительница попросила, чтобы дети дали тетради. / Учительница попросила у детей тетради.

연습문제 4

Света спросила Ларису, есть ли у неё роман Толстого «Воскресение».
Лариса ответила, что есть.
Света сказала, что через две недели у них будет экзамен по русской литературе, ей надо прочитать этот роман. Света попросила Ларису дать его.
Лариса сказала, что завтра принесёт.

연습문제 5

1 Максим предложил Игорю пойти на стадион.

2 Мы предложили маме приготовить пельмени.

3 Преподаватель предложил студентам всегда говорить только по-русски.

4 Преподаватель предложил студентам не разговаривать по-корейски.

5 Валентина предложила подругам поехать на фотовыставку.

연습문제 6

Марина предложила Ире пойти на балет.
Ира спросила, на какой балет.
Марина ответила, что в субботу будет «Лебединое озеро», а в воскресенье - «Жизель».
Ира сказала, что она два раза смотрела «Лебединое озеро» и предложила пойти на «Жизель».
Марина сказала, что она согласна.

연습문제 7

1 Фестиваль русской культуры будет через месяц.

2 Студенты обсуждают программу фестиваля.

3 Они планируют подготовить концерт.

4 На фестивале студенты будут танцевать, петь народные и современные песни.

5 Но они думают, что не успеют подготовить спектакль.

6 Студенты собираются попросить русских студентов помочь им подготовиться к фестивалю.

연습문제 8

А - Мирэ; Б - Тэёнг; В - Сохи

Мирэ сказала, что через месяц на их факультете будет фестиваль русской культуры, им надо обсудить программу. И она спросила, какие (есть) идеи.

Тэёнг предложил подготовить небольшой концерт.
Сохи сказала, что обязательно нужен концерт.
Мирэ сказала, что тоже так думает. Их группа может подготовить русский танец «Кадриль».
Тэёнг сказал, что они споют русскую песню «Калинка».
Сохи предложила подготовить не только народные, но и современные песни.
Тэёнг ответил, что это будет хорошо.
Мирэ спросила, смогут ли они подготовить небольшой спектакль.
Сохи ответила, что у них мало времени, может быть, они не успеют подготовить спектакль.
Тэёнг предложил взять небольшой рассказ Чехова, и тогда они успеют.
Мирэ сказала, что им надо посоветоваться с профессором.
Сохи сказала, что в их университете на факультете корейского языка учатся студенты из Москвы и предложил попросить их помочь им.
Тэёнг сказал, что это отличная мысль.

연습문제 9

1. Я хочу пойти в музей, но не смогу, потому что в субботу я буду занят.
2. Потому что я весь день готовилась к экзамену в библиотеке и вернулась домой поздно. Мама уже приготовила пельмени.
3. Я не дала Саше словарь, потому что мне он нужен. Через три дня у меня будет экзамен по английскому языку.
4. Младший брат поставил чашку. Я попрошу его не ставить грязную посуду на компьютерный стол.
5. Я плохо сдал экзамены и получил «два» по математике. Все каникулы я буду заниматься математикой.

연습문제 10

1. Профессор рассказывает студентам о русской культуре.
2. Профессор разговаривает со студентами об экзаменах.
3. Завтра мы поедем в Петербург к русским друзьям.
4. Олег не подготовился к экзамену и получил «2».
5. Отец рад, что дочь поступила в медицинский институт.
6. Брат положил ноутбук в портфель.
7. Обувь стоит под вешалкой.
8. Сигареты лежат на тумбочке.
9. Брат повесил календарь над столом.
10. Наташа всегда кладёт очки в карман.
11. Мне не нужна новая юбка. / Мне не нужна помощь.
12. Кому нужны деньги?
13. Тебе не надо говорить маме о проблемах.
14. Я советую тебе подарить Маше цветы.
15. Я не советую вам смотреть этот фильм, он неинтересный.

제 13 과

연습문제 2

1. Отец едет в фирму на трамвае номер тридцать восемь (на тридцать восьмом трамвае).
2. Сейчас бабушка едет на рынок на троллейбусе номер двадцать три (на двадцать третьем троллейбусе).
3. Скажите, пожалуйста, где здесь остановка автобуса номер семнадцать (остановка семнадцатого автобуса).
4. Автобус номер тысяча сто двенадцать (Тысяча сто двенадцатый автобус) ходит каждые пятнадцать минут.
5. Поезжайте на троллейбусе номер девять (на девятом троллейбусе) до остановки «Стадион».

연습문제 3

1. Лучше поехать на метро, потому что сейчас идёт снег, и дорога очень скользкая.
   Лучше поезжай на метро, потому что сейчас идёт снег, и дорога очень скользкая.
2. Лучше поехать на море, потому что сейчас очень хорошая, тёплая погода.

Лучше поезжай на море, потому что сейчас очень хорошая, тёплая погода.

3 Лучше пообедать в кафе «Лотос», потому что там много вкусных блюд.
Лучше пообедай в кафе «Лотос», потому что там много вкусных блюд.

4 Лучше приготовить курицу, потому что Саша курицу любит больше, чем рыбу.
Лучше приготовь курицу, потому что Саша курицу любит больше, чем рыбу.

5 Лучше подарить баскетбольный мяч, потому что у Юрия есть хороший футбольный мяч и нет баскетбольного.
Лучше подари баскетбольный мяч, потому что у Юрия есть хороший футбольный мяч и нет баскетбольного.

연습문제 4

Лена спросила Нину, где здесь аптека.
Нина сказала, что аптека недалеко, около кафе «Звезда».
Лена сказала, что она не знает, где находится это кафе.
Нина спросила, видит ли Лена остановку автобуса.
Лена ответила, что видит.
Нина сказала, что кафе находится рядом с остановкой, а аптека – слева от кафе. И спросила, что случилось, почему Лена идёт в аптеку.
Лена ответила, что она хочет купить лекарство, потому что у неё сильно болит горло.

연습문제 6

1 Извини, Марина, я вчера заболела, у меня была высокая температура. И мой телефон сломался, поэтому я не смогла позвонить тебе.

2 Поезжайте на тридцать четвёртом автобусе до остановки «Городской парк», там вам надо пересесть на автобус номер двенадцать и ехать до остановки «Аквапарк».

3 Сейчас на дороге пробка, поэтому лучше поехать на метро.

연습문제 7

1 Вчера у старшей сестры был день рождения, друзья подарили ей много подарков и много цветов.

2 На столе 3 книги, 5 тетрадей, несколько ручек и карандашей.

3 У этого старого дедушки болят ноги, мы желаем ему здоровья.

4 Я пью чай без сахара и лимона.

5 Сколько лекций сегодня у тебя?

6 В нашем городе много старинных церквей, красивых зданий, широких площадей.

제 14 과

연습문제 4

1 Больше всего мне нравится программа «Изучаем китайский язык», потому что я учусь на факультете китайского языка, и эта программа помогает мне. Она идёт каждый день с шести до шести пятидесяти.

2 Мне нравится сериал «Последний император», потому что я люблю исторические фильмы. В этом фильме интересный сюжет. Сериал идёт каждый вечер с восьми до девяти десяти.

3 Он здесь недалеко. Иди прямо до банка, поверни направо, там ты увидишь гостиницу «Восточная». А слева от гостиницы – спортивный магазин.

4 Знаю. Сначала поезжай на двадцать седьмом автобусе до остановки «Национальный музей», там тебе надо пересесть на метро и ехать до станции «Сеульский университет».

5 Вчера в это время я плавала в бассейне, поэтому (я) не могла ответить.

연습문제 7

1 Лариса сказала, что сегодня она не пойдёт в парк.

2 Отец сказал сыну, чтобы он вернулся домой до 12 часов.

3 Мы спросили Виктора, как зовут его брата.

4 Профессор спрашивает студента, говорит ли он по-английски.

5 Студенты сказали, что они не сделали домашнее задание.

6 Вера спросила Антона, где его портфель.

7 Мама сказала нам, чтобы мы обязательно поехали летом в деревню.

8 Мила спросила Свету, хочет ли она поехать в Пусан.

9 Виктор спросил друга, о чём он думает.

10 Преподаватель спросил Антона, нравится ли ему изучать русский язык.

11 Соня попросила Виктора помочь ей.

연습문제 8

1 Я начал(а) подрабатывать в магазине. Каждый день я работаю с четырёх до шести. А потом занимаюсь в библиотеке, поэтому у меня совсем нет свободного времени.

2 Да, это мешает мне учиться, но мне нужны деньги, а мне неудобно брать деньги у родителей.

3 Я подрабатываю в магазине «Детские игрушки». Я решила работать там, потому что мне нравятся игрушки, особенно куклы, и я люблю маленьких детей.

4 Я работаю в магазине «Женская одежда». Мне нравится эта работа, потому что в университете я изучаю дизайн, а в магазине помогаю женщинам выбрать одежду, которая им идёт.

5 Я работаю с восьми до пяти, обед – с двенадцати до часа (часу)

6 Я получаю двадцать тысяч рублей в месяц.

연습문제 9

1 Я советую тебе посмотреть ток-шоу «Первая встреча».

2 Сериал «Большие проблемы» идёт каждый вечер с шести до семи двадцати.

3 Больше всего мне нравится помогать людям./ Больше всего мне нравится футбол.

4 Мне нужны деньги, потому что я хочу купить новый велосипед.

5 Мне нужны деньги, поэтому я решил подрабатывать. / Мне нужны деньги, поэтому я попросил их у отца.

6 Ты не должен много работать, тебе надо больше заниматься.

7 Я подрабатываю в маленьком ресторане с шести до десяти.

8 В какое время идёт программа «Здоровье»? / В какое время обед в вашей фирме?

9 Сестра попросила меня вымыть посуду.

10 Виктор попросил, чтобы Антон позвонил ему вечером.

11 Света сказала, что она очень устала.

12 Юрий спросил, у кого есть лишняя ручка.

연습문제 10

1 Вчера в парке мы встретились со знакомыми русскими студентами, мы поздоровались с ними и спросили: «Как дела»?

2 Почему ты поссорилась со своей самой хорошей подругой? Я советую тебе помириться с ней.

3 Когда Маша и Катя были маленькими, родители помогали им, но они уже стали взрослыми и помогают родителям.

4 Брат окончил магистратуру и начал работать учителем в школе, но он хочет стать профессором, поэтому поступил в аспирантуру.

5 Соня переписывается со старшей сестрой, которая живёт в другом городе и советуется с ней.

6 Вадим дружит с симпатичной девушкой, с которой он познакомился в университете.

제 15 과

연습문제 1

1 Лариса играет в баскетбол. / Лариса занимается баскетболом.

2 Антон занимается бегом.

3 Виктор играет в хоккей./ Виктор занимается хоккеем.

4 Владимир играет в волейбол. / Владимир занимается волейболом.

5 Анна занимается пением.

6 Андрей играет в шахматы./ Андрей занимается шахматами.

7 Ирина занимается фигурным катанием.

8 Юрий играет в бадминтон./
Юрий занимается бадминтоном.

9 Дети играют в футбол./
Дети занимаются футболом.

10 Олег занимается тхэквондо.

연습문제 2

1 - Что ты обычно делаешь в свободное время?
- Я занимаюсь танцами и фигурным катанием. А чем ты занимаешься?
- Я играю в шахматы и в баскетбол. / Я занимаюсь шахматами и баскетболом.

2 - Что ты обычно делаешь в свободное время?
- Я играю в волейбол и занимаюсь живописью. / Я занимаюсь волейболом и живописью. А чем ты занимаешься?
- Я занимаюсь плаванием и бегом.

3 - Что ты обычно делаешь в свободное время? Я играю в гольф и в настольный теннис. / Я занимаюсь гольфом и настольным теннисом. А чем ты занимаешься?
- Я занимаюсь аэробикой и коньками.

4 - Что ты обычно делаешь в свободное время?
- Я занимаюсь дзюдо и лыжами. А чем ты занимаешься?
- Я играю в бадминтон и в теннис. / Я занимаюсь бадминтоном и теннисом.

5 - Что ты обычно делаешь в свободное время?
- Я занимаюсь пением и играю в хоккей. А чем ты занимаешься?
- Я занимаюсь тхэквондо и играю в гандбол. / Я занимаюсь тхэквондо и гандболом.

연습문제 3

Ирина спросила Максима, что он обычно делает в свободное время.
Максим ответил, что он занимается музыкой, играет в баскетбол. И спросил, чем Ирина занимается.
Ирина ответила, что она тоже любит спорт и музыку, занимается аэробикой.
Максим спросил Ирину, сколько раз в неделю (она занимается аэробикой).
Ирина ответила, что два раза в неделю, во вторник и четверг с трёх до пяти.
Максим спросил, где она занимается.
Ирина ответила, что в студенческом клубе. И спросила Максима, какая музыка ему больше нравится: классическая, народная, джаз, рок, поп.
Максим ответил, что больше всего он любит рок, но и классическую музыку слушает с удовольствием.
Ирина спросила, часто ли Максим играет в баскетбол и где.
Максим ответил, что он играет в спортивном клубе «Спартак» в среду и в пятницу с четырёх до шести.

연습문제 4

1 Вчера мальчик болел, у него была высокая температура.

2 За какую команду ты болеешь?

3 У Ольги Степановны болят глаза.

4 Что у вас болит?

5 Чем ты болеешь?

연습문제 5

1 Япония выиграла у Китая (со счётом) 4:1. Китай проиграл Японии (со счётом) 1:4.

2 Команда «Самсунг» сыграла вничью с командой «Дэу» (со счётом) 2:2. Команды «Самсунг» и «Дэу» сыграли вничью 2:2.

3 Америка проиграла Канаде (со счётом) 79:81. Канада выиграла у Америки (со счётом) 81:79.

연습문제 6

1 Вчера Игорь ходил в спортклуб, он смотрел баскетбольный матч.

2 Он болел за команду «Смена», которая играла с командой «Спартак».

3 «Смена» выиграла у «Спартака» со счётом 64: 58.

4 Юрий сказал, что в прошлом месяце «Спартак» выиграл у «Смены».

5 Игорь сказал, что тогда болел и не играл капитан команды – самый сильный игрок.

6 Юрий предложил Игорю вместе пойти на матч «Смены».

연습문제 7

1. В свободное время я играю в бадминтон и занимаюсь плаванием.
2. Я играю в футбол.
3. Я играю на гитаре.
4. Потому что у меня нет свободного времени, я всегда занят(а).
5. Я плохо играю в баскетбол. Мне нравится играть в бадминтон.
6. У дедушки болит спина.
7. Моя младшая сестра болеет гриппом.
8. Да, я очень люблю футбол и болею за команду «Звезда».
9. Команда «Корё» проиграла команде «Ёнсе» со счётом 3:8.
10. Мне тоже нравится джаз, но больше всего я люблю рок.

연습문제 8

А)

1. Маше нравится аэробика и настольный теннис.
2. Она занимается аэробикой каждую среду и пятницу с пяти до шести.
3. Она играет в теннис три раза в неделю - в понедельник, четверг и субботу.
4. Она занимается аэробикой и настольным теннисом в студенческом клубе.

Б)

1. Вчера Сергей и Павел ходили на стадион.
2. Они смотрели футбольный матч, играли команды «Звезда» и «Комета».
3. Они болели за «Комету».
4. Но, к сожалению, «Комета» проиграла «Звезде» со счётом 2:3.

제 16 과

연습문제 1

1. а) Я, как и Ваня, не люблю балет, потому что не понимаю классическую музыку.
   б) Я люблю смотреть балет, и мне нравится слушать классическую музыку.
2. а) Я посмотрела балет «Золушка» в Большом театре. Мне очень понравился этот балет.
   б) Я хотела посмотреть балет «Золушка» в театре, но не смогла купить билет, поэтому я посмотрела его по телевизору. Мне понравился этот балет.
3. а) Я тоже не люблю фильмы ужасов, потому что (я) боюсь монстров. Мне нравятся добрые фильмы: комедии, фильмы о любви.
   б) Мне нравятся фильмы ужасов. Когда я смотрю их, я получаю сильные эмоции
4. а) Да, мне нравятся комедии, потому что я люблю юмор.
   б) Нет, я не люблю комедии, мне нравятся детективы и боевики.
   *монстр (monster), эмоция (emotions), юмор (humor)

연습문제 5

1. Мне тоже нравятся детективы, но больше всего я люблю драмы.
2. Я болею за команду «Смена», я думаю, что это самая сильная команда в нашем городе.
3. Она проиграла, потому что заболел самый сильный игрок команды.
4. Я думаю, что очень тяжело заниматься фигурным катанием. Я занимаюсь танцами.
5. Профессор сказал, чтобы мы обязательно посмотрели эту выставку, потому что на следующей лекции он будет рассказывать нам о русской живописи.

연습문제 6

1. Мне не понравился фильм «Весна», потому что он очень скучный.
2. Мне не понравился фильм «Весна», поэтому я не советую друзьям смотреть его.
3. Вчера я поссорилась с подругой, потому что она опоздала на встречу.
4. Я переписываюсь с русской девушкой, которая живёт в Новосибирске.
5. Брат окончил университет и стал программистом.
6. Маша договорилась с Ниной пойти в субботу

в сауну.

7 Иван занимается в библиотеке. / Иван занимается плаванием.

8 Мама советует сыну заниматься спортом.

9 Я всегда советуюсь с родителями.

10 Наша команда выиграла у команды Сеульского университета.

11 Мы опять проиграли команде «Союз».

12 Команда Кореи сыграла вничью с Китаем.

13 Что ты будешь делать в выходные дни/ в воскресенье?

14 Какие у тебя планы на выходные дни/ на воскресенье?

15 Лучше давай поедем в лес.

16 Я не люблю балет, потому что не понимаю классическую музыку. / Я не люблю балет, потому что мне скучно смотреть балет.

17 А я ненавижу фильмы ужасов.

18 Весёлая комедия идёт в кинотеатре «Новая волна».

19 Режиссёр Смирнов поставил спектакль «Чайка».

20 Кто снял фильм «Друг»?

21 Главную роль в фильме «Друг» играет молодой артист.

22 В этом спектакле играет известная артистка.

실속 100%
러시아어 중급 회화 1

초판발행	2018년 12월 10일
초판 2쇄	2020년 4월 6일
저자	안병용, 갈리나 부드니코바
책임 편집	권이준, 양승주
펴낸이	엄태상
디자인	진지화
조판	이서영
콘텐츠 제작	김선웅, 전진우
마케팅	이승욱, 전한나, 왕성석, 노원준
온라인 마케팅	김마선, 조인선
경영기획	마정인, 최성훈, 정다운, 김다미, 전태준, 오희연
물류	정종진, 윤덕현, 양희은, 신승진
펴낸곳	랭기지플러스
주소	서울시 종로구 자하문로 300 시사빌딩
주문 및 교재 문의	1588-1582
팩스	(02)3671-0500
홈페이지	www.sisabooks.com
이메일	book_etc@sisadream.com
등록일자	2000년 8월 17일
등록번호	제1-2718호

ISBN 978-89-5518-581-2(14790)